120公分的愛

從放牛班到博士，
全台最「小」教授的翻轉哲學

合著——陳攸華、李文茹

目錄

CONTENT

Part 2 得不到家庭的支持時，讓自己先好起來！

好評推薦（順序依姓氏筆畫排列）

曲全立——美力台灣3D行動電影院創辦人、導演

勇氣，就是面對問題、解決問題、不畏困難，這是陳教授在紀錄片中所說的話。從《120公分的勇氣》認識到陳攸華教授，120是因為先天性軟骨發育不全症的身體高度，但她的態度，讓人生高度不受此被限制。

美力台灣3D行動電影院走遍台灣的各個角落，每年接觸六至八萬個孩子，期盼能夠透過影像帶著孩子打開視野，開啟夢想。在二〇一一年起，《台灣超人》拍攝計畫展開。所謂超人，正是超越自我的人。陳攸華教授正是第一位台灣超人。

第一位超人的勇氣，拓寬了對於生命的價值與意義。她告訴我們在成長的過

程總會遇到黑暗，如果願意去面對，就可以逐步從黑暗走向光明。最怕的，就是那份「不願意」。這個超人把逆境看做是上帝的禮物，自我發現勇氣的力量。

這個超人面對她的學生如同家人，用生命影響生命，這本《120公分的愛》描述她如何用愛去付出，給人溫暖與希望，用她自己的生命帶出正面影響，這個正面影響正是驅使我們向前的正能量，讓我們和她一起撒下愛的種子，然後也就能夠看到有一股股的勇氣正在發芽。

簡而言之，閱讀這本《120公分的愛》，正如我們看到陳教授台灣超人的背影。

李偉文——作家、環保志工、牙醫師、現任荒野保護協會榮譽理事長

這是一本相遇之書，有攸華在求學中所遇到的貴人，更多的是她在返台十多年教學中化身為學生的貴人，每個故事都不長，簡潔生動，但篇篇都引人深思，

因為每個故事都可以隱約看到自己或家人朋友的身影。印度人相信兩條河流交會處，就是神聖的地方，我也相信人與人的交會也是神聖的，會帶某些訊息給你，若感覺不到，可能是不夠用心，或者過度把自己隱藏保護起來了。

攸華是個用心又認真的老師，她真心對待每個有緣相遇的學生，也在與人互動中自我覺察，從中領受啟發，並因此開創新的學習，就如同她的習慣，即便與朋友閒聊，會認真傾聽，並且認真提出問題。

我相信讀者看了這些故事，必定能學習到她待人處世的兩大精神：一是接受不可改變的現況；二是積極又熱情地探索這個世界。就像多年來我總是擺在案頭提醒自己的一句話：「對已成之事實，須看破放下，順因緣觀，不起追悔；對當前事物，宜惜取因緣，發掘可造性，積極耕種。」

我們每天都會遇到許多人、處理許多事，當我們面對挫折或想放棄時，這本書裡的故事，會提醒我們要珍惜這些相遇的因緣，並讓自己成為每個美好因緣的起始點，讓這些美好能夠在世間不斷流轉。

呂賜杰——新加坡南洋理工大學學習科學實驗室創建人

我早已結識陳攸華教授，她曾經來到新加坡訪問，建立了兩地教育界之間的學術紐帶。和她的接觸，可以感受到她對於學術的熱忱，對於生命的熱愛。

攸華接受過東西方的教育，曾經跨越重洋，負笈英倫，研學經年，憑著過人的勇氣和毅力克服身障帶來的重重考驗，實現了個人的第一次飛躍，她的這段生命故事，記錄在了她的第一本書《120公分的勇氣》中，她的個人奮鬥史，對於很多人是一種很大的激勵和感動，很多讀者都印象深刻。

這本新書，更多的是她與學生之間的教學與互動，這何嘗不是又一次飛躍？這本書承載的，有攸華和學生們共同克難前行、悲欣與共的故事，也有她歷經多年沉澱下來的所思所感所想，她提出來用生命影響生命，她真正踐行了用生命歷程、生命感悟、生命真情感染她的學生，師生共勉，教學相長。生命的價值在於不斷探尋與飛躍，相信讀者會從這本書當中得到更多的生命感悟與收穫。

洪久賢——前景文科技大學校長、現任實踐大學民生學院院長

在二〇一一年，我認識了攸華老師，當時我們都是應用科學教育學門的複審委員，也在這一年，她出版了《120公分的勇氣》，這本書後來被選為優良中小學讀物，因為那是她突破逆境、力爭上游的生命故事。十多年之後，欣然看到這位生命勇士推出感動人心的《120公分的愛》，分享她陪伴學生成長的珍貴經驗。上帝將她從高薪的英國頂尖大學帶回台灣，卓越的攸華老師榮獲傑出人才講座、科技部傑出研究獎、關懷生命獎，不僅是罕見疾病者，也是許多年輕人的最佳楷模。

因為身高的限制，她錯失了婚姻，上帝重用攸華單身的恩賜，讓她擁有更多的時間和學生在一起相處，又賦予她更大的使命，藉著熱情、智慧與愛心關懷學生，幫助更多需要的人，就學生不同的問題如父母般地引導學生、改變其生命，充滿希望地勇敢向前行。推薦這本用生命影響生命的勵志好書，幫助青年學子面對人生問題，也幫助父母和老師引導他們的孩子和學生。

徐啟明——前中華民國駐挪威及格納瑞達大使

外甥女攸華一直是我一生中最感驕傲的親人，在她童年時期，我大部分的時間都在國外工作，所以對她的了解也並不多，一直到她去美國馬里蘭大學攻讀碩士，我們才可以近距離地相處，因為當時我在美國華府代表處工作。

我曾經告訴她，要去體諒一個人的苦衷，她也確實做到了，因此她有一個開闊的心胸，這也是為什麼在她的著作首頁，第一句就宣告她是身障者，身高只有一百二十公分——很顯然，在她的世界裡，身體缺陷是完美生命的動力。

她不自卑，努力於學術的追求，終於獲得最高的學位；之後分別在英國和台灣任教，她不以此自滿，在教學之外，致力於學術上的著述，她在學術上的成就值得世人去探索、去欣賞。這本著作充分顯示了她的抱負。世間教育的制度、人事上的限制沒有阻擋她追求美滿的生命，也沒有阻擋她對人世間的貢獻。

「120公分的愛」永遠存在世間每一個角落。

陳良基——前中華民國科技部部長、台灣大學電機工程學系特聘教授

在科技部的傑出研究獎頒獎典禮上，看著陳攸華教授愉快走向我身前的受獎位置，當我將代表國內研究至高榮耀的獎座交到陳教授手中時，心中湧起無限的高興，以及萬分的崇敬。科技部的傑出研究獎，是所有國內學研人員最夢寐以求的榮譽，每年只有擁有最頂尖傑出的少數研究者才能獲得。陳教授與所有得獎者站在一起，小小人兒的身軀益發顯得背後努力的艱辛與獎項得來不易的偉大。

陳教授專攻數位學習、網路學習科技，是關乎未來社會進步非常關鍵的新知識，對飽受少子化之苦的國內人才培育，網路數位學習的能否到位，甚至是未來增強國力重要的一環。而專業知識之外，陳教授自己的生命故事，反而更是一個非常好的生命教育典範。她用自己的學習與成長，告訴所有學生，什麼是化不可能為可能。她也以自己成長的歷程，突顯如何掌握機會、如何化劣勢為優勢、如何將挫折化為動力。她的一步一腳印，真真正正體現，老天爺給了她比一般人多

的挫折，原來是為了讓她有比一般人更多的成就。經歷過的種種刻骨銘心的艱難，就像是一步步邁向生命甘甜必經的台階。

我深信，展讀這本書，你一定會發現，誠如陳教授在書中所言，藉著這本書，可以把加油與祝福送給正在努力、掙扎、為生活奮鬥的年輕人。藉著這本書，可以讓很多人，儘管在困境中，仍能奮力為自己找到一片天。

天助自助者，雖是老生常談的一句話，但從這本書中可以看到很多的實例。陳教授透過她自己以及這些實例告訴我們，只要不放棄，你也一定會成為那個衝破困境的人。

黃志靖——創集團共同創辦人
寵物界流行的名字：傑克羅素。

可愛萌樣讓人忘記牠其實是勇猛的獵狐梗犬血統！
思考與直覺的混亂，一種毫無察覺的壓力，天天發生中。

網際網路的年輕世代，
一邊拒絕膚淺，卻一邊對真理產生不耐；
抱怨媒體無腦，卻又急著成為自媒體；
厭煩了使命宣言，卻又熱衷公平正義的議題包裝。
這個時代並沒有因此停下來，
慶幸地，我們仍有機會看見用生命影響生命的美好。

傑克羅素梗犬的比喻，是指出我們常常在指認事實上有困難，被表象所迷惑，而迷失了事物的本質，特別是在這個科技的時代。作者陳教授對於年輕世代的交心與教導，來自於她的貼身觀察。對於網際網路年輕世代而言，最大的挑戰是誤解了創新的意義，創新的根本是解決一個實際的難處，而這難處，很多時候只是因為沒有認清楚生命的核心問題——而這正是本書要帶給年輕讀者的。

劉駿豪——得勝者文教創辦人

不要因為作者是一位了不起的120公分教授才好奇地看看她的激勵文章，請直接翻開任何一頁開始閱讀，您一定更訝異於每個故事都增添了我們生命的養分，文章簡短好讀，卻可以點出一般人時常陷入困境的原因。

七、八年前認識陳攸華教授時，就被她的活潑與幽默嚇到了！本以為從逆境中站起來的成功人士總有一定的嚴肅感，但她就像學姊般講個不停，在任教的場域中也發現她和學生們的感情深刻又自然，直到看見這本書裡充滿那麼多的真實案例，才想到要用如此方式述說人生反思的金句，真不是容易的一件事。攸華老師把長時間與學生的精彩互動反芻之後的心得無私地分享出來，我們從故事裡就能得著益處，實在划算！

劉慈惠——豐盛品格培訓中心執行長、清華大學兼任教授

那天接到攸華的邀請信——可以幫我為《120公分的愛》寫推薦序嗎？「是我的榮幸！」毫不遲疑地我立即回覆了攸華！忙碌中這麼爽快答應，乃是因同為大學老師，我們所在乎的生命價值有許多的相似性；期許自己除了克盡最基本的「經師」職責，更重要能成為「聆聽、同理與陪伴」的「人師」，幫助學生朝著自己的「ZPD」（潛力發展區）前進、掙扎、蛻變與成長。

和攸華之間的學術友誼源起於二〇一九年，我邀請她來到我大學「生命教育」的課堂，與學生分享她的生命故事。短短兩個小時，對學生、對我來說都是充滿

感動的「震撼教育」。而繼《120公分的勇氣》之後，這本《120公分的愛》，一個個真情至性、血淚交織的師生故事，更是讀到、看到、見證到她一路走來不改初衷，不但持續擁抱困難、渴望學習、不斷嘗試，活出精彩的自信與卓越，更難能可貴的是她抱持著Tough love的教育愛，在乎學生也能活出更好的自己！

以生命影響生命，這樣的心靈與生命導師，真的是這個世代年輕學子極大的需要！因為在時下許多看似誘人的成功路徑中、在生命充滿了許多「想要」與「需要」中，年輕學子究竟該何去何從？深感他們很需要懂得從長遠的眼光，在乎他們、愛他們的「心靈導師」，可以透過身教榜樣，引領他們做不後悔的選擇與生命真正值得的投資。

書一口氣看到最後，驚豔於攸華愛學生到一個地步，願意再多走一哩路；試著透過學生的真實案例，剖析教學現場所看到的問題根源，其中不少時候與父母愛孩子的方式出錯了有關。回想個人從事教養與親子關係的研究及實務多年，看過許多令人心疼、難過的生命故事，對於攸華語重心長所呼籲的，心有戚戚焉。

父母的教養信念與方式誠然影響孩子特質與能力的形塑！華人父母對孩子的愛在過與不及之間，若能謙卑學習與再思，對親子與家庭都是極大的祝福。

因此，這本書也適合推薦給愛孩子的父母細細品嘗，不妨試著從中體會：幫助孩子了解長遠幸福所需要的愛，是怎麼樣的一種愛？以Tough love來說，有人把它譯為艱難的愛或嚴厲的愛，但根據個人多年研究走過的經驗所學，覺得它反映了「傾聽而堅定」的愛，它包括多重意涵——以終為始，著眼於孩子長遠的未來，幫助孩子在陪伴、支持與被了解中，學習承擔自己在每一階段所需挑起的責任，因為Life Is Tough，成長從來不是輕鬆的，必然需要付代價。怎麼種，就怎麼收，攸華做了很真實的示範：

120公分的愛，勇於超越別人的眼光。
120公分的愛，勇於要求，勇於用愛心說實話。
120公分的愛，勇於幫助孩子追求更好的自己。

120公分的愛，勇於在乎意義，帶給周遭正向的影響力。

蔣偉寧——前中華民國教育部長、前中央大學校長

我與陳攸華教授結識於二〇〇六年，當時我是中央大學的副校長，而她則在英國布魯內爾大學工作。第一次見面就力邀她至中央大學任教，經過三年的努力，她終於在二〇〇九年歸國！

在我首見她的那一刻，老實說心情蠻震撼的，身高僅一二〇公分，卻已在知名大學任教，她是如何做到的？經過一段時間的交談，我對她在學術上的努力與成就有所瞭解，也知道未來她必能大放異彩。

在她來到中央大學時，我已經開始擔任中央大學的校長。幾個月之後，我推薦她申請傑出人才基金會的「傑出人才講座」，她也不負眾望拿到了這個獎項，而

且她是當期唯一的得獎者。接著她在二〇一一年出版了《120公分的勇氣》一書，描述了她的生命故事。在當時的新書發表會上，我勉勵陳教授不僅要自己成功，也要幫助別人成功，才是真正的成就。

她確實做到了，如今她將要出版《120公分的愛》。這是敘述她如何幫助學生的一本書。有些學生在她的引導下邁向成功之路，你可以從這些經驗裡學習如何讓自己成功；當然也有學生選擇逃避，最後陳教授只能放手，但你亦可以從這些逃避個案裡，學到如何避免相同的錯誤。簡單地說，這本書真是值得你一讀！

錢玉芬——靈糧神學院牧靈諮商科主任、台大共同教育中心兼任助理教授

巨人到底有多高？在這本書中，我看見120公分的巨人！

我原本不認識這位巨人，我們的認識始於幾年前，她主動找我討論科技部計

畫，然後又主動告訴我，她可以到我們教會分享，這就是她，一個非常主動的人。不只如此，她更是心靈的巨人，她有理由退縮，但不退縮；她有理由生氣，但不生氣；本該掉頭離開，她卻勇敢面對，並且把毒素轉化為養分。

讀陳教授這本書的經驗，不只是點頭如搗蒜，而是驚歎連連、跌破眼鏡！這種選擇、這種思維、這種行動，怎麼可能做得出來？細細讀，慢慢想，我嘗到一點都不空泛的愛的滋味，清爽不油膩、自然不做作。在她不給定義、不套公式、沒有說服的故事敘說中，我們都嘗到愛了，有滋有味。

長年研究心靈創傷的我，認識各種打擊心靈、壓傷成長的生命毒素。但讀者如果隨著陳教授一個又一個既理性又溫暖、似簡單卻曲折的生命經歷、睿智思考及生活選擇，絕對可以發現轉化生命毒素的秘訣。閱讀這本書，您不但可以長大成人，而且還可以長成巨人喔！

我的成長歷程

被上帝恩待的童年

出生時的我就和一般嬰兒一樣，可是在五個月後，我母親發現我的身體非常軟，沒有支撐身體的力量，經過檢查，才知道我得了先天性軟骨發育不全症，這是一種罕見疾病，大部分是因為基因突變，發生的機率只有四萬分之一，所以我也是上帝從四萬個人中揀選出來的，也就是說，我是特別被上帝恩待的。

可是我和我的家人當時都不這樣認為，因為患有先天性軟骨發育不全的人四肢會非常短小，就像我現在也只是與一般六歲小孩的身高一樣，只有一百二十公分高。這對我父母而言，尤其是我的母親，是相當震驚的，我從小就聽她跟我的兄弟姊妹說，以後要照顧你妹妹／姊姊。

雖然她這樣說，可是她還是以平常心教導我，並沒有給予我過多的照顧，因為她知道她總有一天會離開我，不可能一直照顧我，所以希望我能夠獨立。因此，她曾經為了教我正確地寫9（我小時候總是把9寫成p），要我寫到半夜兩點，長大以後，她才告訴我當時不只是在教會我寫9，更希望我能夠成為一個有毅力的人。

另一位影響我很深的人就是我的祖母，她是我們家中第一個基督徒，我在童年時期都是和她睡同一個房間，每天晚上她都會帶著我禱告，那時候禱告都是千篇一律的，就是希望我能長高。雖然上帝並沒有讓我長高，我仍然只有一百二十公分，但是上帝給了我不一樣的生命高度，所以祂的意念高過了我們的意念。

我在六歲時遇到了啟蒙恩師游初蘭老師，她影響了我的性格，第一個影響就是她讓我認知到我不能因為身體缺陷，而期待有任何特殊待遇。她把我當作一般的學生，也要與同學一起做打掃工作，在犯錯的時候也要接受處罰。例如我曾經拿玻璃瓶敲同學的頭，因為此事我就被嚴厲地處罰了。

第二個影響就是她培養我凡事都要做到最好的習慣，還記得當時我們班在合唱比賽、整潔比賽和考試都是第一名，在這樣的環境下，我從小就不自卑，反而告訴自己一定要做一個出類拔萃的人。

龜兔賽跑的中學生活

小學畢業之後，我進入金華女中就讀，因為學校離我們家有一段距離，這時候家人就成了我的靠山，爸爸幫哥哥買了一輛摩托車，哥哥每天用摩托車載我上下學，這就是我的家人，當我有需要的時候他們會伸出援手。

從這時開始，我經歷了一段龜兔賽跑的中學生活，先談我為什麼覺得自己是一隻烏龜的故事。在入學測驗時，因為我的智力測驗沒有做完，所以就進了放牛班，老實說在放牛班的日子還蠻快樂的，畢竟老師不會給我們太大的壓力。但是我在國二時突然頓悟了一件事，如果我一直待在放牛班，我可能就真的要依靠我的兄弟姊妹過一輩子了，所以我發揮了寫9的精神，努力用功讀書。

感謝上帝讓我的努力有了回報，在國二的每次考試我都是第一名，因此升國三的那年暑假，學校讓我轉到了升學班。在升學班裡，每個學生都是人才，即使我每天認真念書到半夜，第一次的考試成績卻是第三十九名。老師知道我念得很辛苦，問我要不要轉回原來的放牛班，可以比較輕鬆一些，我當然不願意，因為我希望我能獨立生活、不依賴他人，所以接下來的每次考試我都很努力，名次也不斷地往前邁進。之後的某次考試，我是全班第八名，老師在全班面前稱讚我是進步最多的學生。

這個稱讚使我更有動力繼續努力，所以升高中時，我以榜首之姿進了聖心女中，這就開啟了我的兔子人生。當時學校給了我一筆獎學金，這讓我除了有優越感之外，也讓我瞧不起其他同學，認為自己可以輕鬆地贏過任何同學，所以我的讀書態度也是馬馬虎虎。這樣的態度導致我高一的成績都是低空過關，最後學校發現我只是一個平庸之材，就收回了給我的獎學金。這件事讓我明瞭「神賜恩給謙卑的人，擊打驕傲的人」，所以到現在我也時刻提醒自己要謙卑，不要驕傲。

大學生活的蛻變

自從告訴自己要謙卑以後，我就更努力用功讀書，之後進入了輔仁大學圖書館學系就讀，在報到的第一天，我就遇到了學姊，她是我的另一位天使，她介紹一個理學院圖書館的工讀機會給我，雖然我家庭的狀況並不需要我擔心經濟來源，但是我在工讀時，了解到經濟獨立的意義，因為是自己賺的錢，所以會非常節省，因此我的物欲也就不高，常常有學生對我說「老師你好節省喔」。

學姊對我的另一個影響，就是推薦我進了校刊社，在她做完校刊總編輯之後，我接了她的位置。校刊總編是一個領導型的人物，但在我的原生家庭裡有哥哥姊姊在，我不需要出頭，可是為了承擔這個責任，我就必須改變，這也是上帝給我的另一個試煉，而試煉的果實就是我性格的塑造。

另一個試煉就是我被高普考拒絕了。當時我在校成績非常好，所以老師都認為我一定可以考上高普考，可是當我拿到高普考簡章時，上面寫的第一條規定就是「高度畸形者不能報考」。這個規定使我非常沮喪，心裡想著我還沒考就被拒絕了，不過當時我看了一本書，叫做《輪椅上的畫家》，裡面有一句話激勵了我：「當上帝關上一扇門時，祂必定為你開另外一扇窗戶。」

在此之後，我的人生開始了另一個方向，我開始修一些關於電腦的課程，並在大學畢業後去美國馬利蘭大學（University of Maryland）攻讀碩士。

選擇忠於所愛

在快要碩士畢業的前幾個月，我收到大學老師的來信，詢問我畢業後願不願意到立法院擔任系統分析師的工作。我欣然接受，因為我認為這是上帝給我的一個機會，雖然高普考拒絕了我，但是我依舊到了立法院工作，所以我知道上帝絕不會誤事。

當時我除了在立法院工作，也在輔仁大學兼課。經過一段時間之後，我發現我比較喜歡與學生互動，因此猶豫是否要成為大學的專任老師。可是當時大學專任老師需要博士學位，而我只有碩士學位，所以下一個問題就是：我要不要去攻讀一個博士學位呢？

最後我選擇忠於所愛，在我三十六歲那年，我決定到英國攻讀博士。在念博士的這段期間，同學都叫我7-ELEVEN，因為我一個禮拜工作7天，每天都工作到晚上11點，為什麼我這麼拼呢？那是因為我知道我自己不再年輕了，需要趕快完成學位。由於這種拼勁，我只花三年多的時間，就在三十九歲那一年從英國雪菲爾德大學（University of Sheffield）獲得了博士學位。

在念博士的第二年，我喜歡上了英國，所以我在想畢業以後要不要留在英國工作，而我再一次選擇忠於所愛，決定留在英國工作。但這不是一件容易的事，因為我是一個外國人，又是一個身體有缺陷的人，但是聖經上說：「我靠著那加給我力量的，凡事都能做。」所以我決定將這件事完全交託在上帝手中。

果然，在英國找工作對我不是一件容易的事，雖然我很容易拿到面試的機會，卻不容易被錄取。我去過英國最北和最南的地方面試，當我在二〇〇〇年六月拿到博士學位時，我還沒有找到工作，可是感謝上帝，我的學生簽證可以讓我在英國留到當年的十二月，加上我妹妹又願意給我經濟上的幫助，所以我可以無後顧之憂地繼續留在英國找工作。

更感謝上帝的是，我在同年九月拿到了布魯內爾大學（Brunel University）的工作，這真是上帝為我特別訂做的工作，因為這所大學在倫敦的郊區，即使我不會開車，也可以使用倫敦的大眾運輸系統，因此不會不方便，而且在郊區的生活費也不會很高。這再一次使我領悟，上帝的意念高過我的意念，而我也明白，凡等候神的就必得著。

生命中的轉捩點

在布魯內爾大學任教期間，有兩個人深深地影響我對學術研究的堅持，他們就是布魯內爾大學的資深教授Rob Macredie與劉曉輝，我有許多篇論文是和他們一起發表的，在他們的引導下，我在學術論文上既重質、又重量。

另外，我今天為什麼會有一顆願意對學生付出的心，也是受到他們的潛移默化，他們告訴我「不要放棄任何一個學生」，這句話漸漸地成了我的座右銘。除此之外，他們花很多精力在幫助學生，例如，劉曉輝教授會在每天與學生吃飯時，關心學生的生活狀況、是否有遇到困難需要幫忙等等。因此我也會每天透過與學生互動的機會，了解學生的背景及生活上的趣事。

在這個時期，我認識了許多來自世界各地的好朋友，這樣愉快的日子一天一天地過去，我一直以為我會留在英國直到退休，可是在二〇〇六年我接到中央大學網路學習科技所前所長陳德懷教授的來信，他誠摯地邀請我到中央大學任教，當時的我對於這條路感到非常疑惑。但在此時，上帝給了我很多印證。

首先，我在電話中告訴陳教授我只有一百二十公分高，他回答我：「中央大學是找你來做教授，並不是找你來打籃球的！」從他的回答我可以知道，中央大學看重的是我的學術專業能力，這個看重並不會因為我的身體缺陷而受影響。

第二個印證是楊接期教授和劉晨鐘教授在二〇〇八年來英國拜訪我，深切地希望我能夠到中央大學任教，這誠意讓我非常感動，因此我覺得我也應該回應他們的誠意，所以我決定在二〇〇九年八月時回到台灣，加入中央大學的團隊，這是我生命中的一個轉捩點。

學生是我最好的夥伴

在中央大學任教的第一年，就發生了很多意料之外的事情，第一件事就是《聯合報》用頭版報導了我的生命故事，而我的生命故事也激勵了很多身心障礙者，他們的父母告訴我：「陳教授你回來是對的，因為你給了我們希望！」之後很多單位也邀請我去分享自己的生命故事，曾經在一次分享時，有一位癌症患者告訴我：「陳教授你給了我活下去的勇氣！」此時我才知道我的生命故事可以影響很多人，因此我在二〇一一年出版了我的第一本書《120公分的勇氣》，希望我的經驗能夠幫助和我有類似情況的人，也鼓舞所有處在生命低谷的人。

除了公益服務之外，我也盡最大的力量使我在專業上有所成長，在二〇一〇年我從傑出人才基金會獲頒「傑出人才講座」，並在二〇一七年榮獲科技部的「傑出研究獎」。在二〇一八年，我被中央大學頒予「網學講座」，能夠獲得這些榮譽並不是只有我一個人的努力，而是我的實驗室有一群鬥志高昂的學生與我一起奮鬥打拼，他們照亮了我的生命。

然而他們每一個人都有不同的生命故事，有些人可能是缺乏適當的引導，即使他們不斷地想要擺脫困境，卻像在大海裡游泳一樣，不知道要到哪一個方向。因此，我開始心想：上帝對我的呼召是什麼？單身是否為我的一種恩賜？

在思考之後，我才意識到上帝對我的呼召，就是要用生命影響生命，這使我更加確定單身是我的一種恩賜，我能擁有更多的時間來引導、幫助學生走出不一樣的人生、活出不一樣的價值，這就是我回應上帝呼召的方式，而且我也認為這就是我永恆的生命價值。

★感謝游佳學同學對此篇文章的文字校正。

前言

用生命影響生命

陳攸華

我是身障者，身高只有一二〇公分，曾經被高普考拒絕，但是在上帝帶領、父母鼓勵及眾人關愛下拿到博士學位，而且在英國頂尖大學任教九年。二〇〇九年中央大學邀我回台任教，在這段期間，我和學生的互動給我一些特殊經歷，讓我有了寫這本書的動機。

我帶的是碩士班和博士班學生，他們與「社會新鮮人」年齡相仿，這本是個應當對未來充滿無限期待，正蓄勢待發、滿是活力的階段，我卻發現好多年輕人對未來感到迷茫。

除了大環境不佳，我也觀察到還有一些重要因素影響了這些年輕孩子，例如他們想快速成功；第一次遇到挫折就心生放棄；很容易被「情緒」帶著走，「想做」（或不想做）代替了「該做」（或不該做）；總是有「目標」卻缺乏「執行力」；面對重要事情常抓錯了重點；他們受困於失能的原生家庭而放棄對自己的期待……。

我相信，不論世代如何不如人意，每個人一定都想讓自己越來越好，都想帶著盼望，勇敢迎向隱藏在烏雲之後的陽光。我可以用生命影響生命，盡己之力引導我的學生慢慢撇開身邊的烏雲；到目前看來，有些人的生命被我改變了，另外也有些人選擇逃離這個被改變的過程，我只能放手。此外，還有好多年輕人是我接觸不到的。

因此，我有了寫這本書的念頭，我想告訴所有年輕人：「不要相信『我天生就是如此，沒希望了！』、『我根本有志難伸，沒指望了！』這樣的謊言！請不要放棄自己！放棄，才是真的輸了！」

彼此扶持，一起站起來

我並不是天生聰穎，在這條人生路上，當然也經歷過許多引誘、挑戰、疑惑與困頓，也看過很多在名利中浮沉的人。

遇到這些人、這些事時，我問自己：「你心裡的『成功』是什麼樣貌？你想做這樣的人嗎？」經過一次次的思考後，「我想要成為一個什麼樣的人」的想法在我心裡逐漸成形：我希望自己可以有能力、也有心胸幫助那些正在努力的人，彼此扶持，一起站起來。

在二〇一〇年與二〇一七年，我分別拿到「傑出人才講座」與「傑出研究獎」，除了高興外，得獎對我的另一個意義是：讓我更有立場，也更有說服力去幫助更多人，明確傳達：不論是不是身障，每個人的生命、前途都是充滿希望的。再多的獎座都會成為過去，但受到幫助的人，很可能他們的前途、生命會因此有所不同。

不輕忽每一個學生

十二年前回到台灣，不論受邀參加生命講座、學術講座，我一直聽到參加者或無助的父母告訴我：「教授，你真的回來對了，我們在你的見證中看見生活的盼望，也看見生命大有可為。」也就是因為看到這些人生命的需要，我在二〇一一年出版我的生命故事《120公分的勇氣》，這本書不僅被評為「中小學課外優良讀物」，也讓我獲得法鼓山人文社會基金會「關懷生命獎」的個人智慧獎。這些回饋與反應，豈是我當年決定要回台灣時能夠想像的！

我看見上帝要我放棄英國頂尖的布魯奈爾大學（Brunel University）教職，回台灣教書，是帶著使命的。感謝上帝如此看重我，賦予我這個重責大任，因此面對我的學生，心裡更是不敢輕忽。每一個在實驗室與我交會的年輕學子，在短短數年相處的時光中，我盼望能幫助他們看見充滿希望的前途與價值。

在幫助他們的過程中，我自己也學到許多功課，與學生交會的學習裡，振奮人心的成果不斷呈現，我覺得這些學習也值得與更多人分享。這本書大部分的內容都是來自於與年輕學子相處的經驗。全書二十七個章節，第一部有二十三章，是談我和學生的互動，例如如何協助幼年被家暴的學生學會用「思考」來解決問題；如何以正向態度啟發亞斯伯格症的學生與人互動。第二部有四章，談到父母、家庭帶給孩子的不良影響，這是很無奈的事實，我親眼見到孩子在不良的家庭環境中受到多麼大的傷害，我心裡有個小小盼望：呼籲為人父母者一定要仔細檢視自己對孩子的愛是什麼性質的愛。

我也要藉著這本書，把加油與祝福送給正在努力、掙扎、為生活奮鬥的年輕人。在困境中，仍有很多人為自己找到一片天；如果不放棄，你也一定會成為那個衝破困境的人。

★本書中出現的人物均為化名，並經過改寫，如有雷同，實屬巧合。此外，本書中的聖經名詞（章名、人名）皆以基督新教、天主教通用譯名對照的方式呈現，以便讀者閱讀。

第
1
部

請不要放棄自己！放棄，才是真的輸了

01 不要害怕做選擇

中國人說「有諸中，行於外」，心裡有什麼樣的念頭，就會表現於外在行為；同樣地，我們心裡看重什麼，就會做什麼樣的選擇。

出乎意外的結果

二〇〇九年八月，我回到台灣，進入中央大學任教，約兩個月後的一天，接到蔣偉寧校長電話告知，要推薦我申請傑出人才基金會的「傑出人才講座」。我剛回台灣，對各種獎項完全沒有概念，謝過校長後，我上網查這個獎項才知之前得獎者都屬院士級重量人物，我立刻向校長表明自己資歷極淺可能不適合申請。校長鼓勵我，他認為我有這個資格，我感謝校長如此看重，也為自己捏把冷汗。

沒想到公告時，我真的得獎了！就「數位學習」領域來看，我是目前為止唯一的得獎者，不只獲得一筆獎金，我在台灣的學術地位也因此提升不少。上帝的恩典總是出人意外，有天我略略計算這些額外收入，加上薪資，竟然與我在英國的薪資差不多（我在英國的薪資是中央大學的兩倍），這也安定我的心：「如果回台灣任教，我不需為五斗米擔心。」

回台灣任教帶給我最大的喜悅，是我以自己的專長做了許多公益的事情。我深知在台灣，許多家有「小小人兒」（即軟骨發育不全症患者）的父母是沒有盼望的，很多父母甚至想要帶孩子去醫院打斷腿骨，重新接入一段新支架，希望孩子能夠有正常人的身高；我也知道很多父母對於培育這樣的孩子不抱任何希望，把他們藏在家裡，只要他們平安長大、找個對象結婚，便是父母對小小人兒一生的期望。但這些做法、想法都是錯誤的！

我盡可能回應各個基金會、媒體邀約，現身說法鼓勵與我相同狀況的小小人兒。好幾次演講結束後，小小人兒的父母都會告訴我：「陳教授，你回台灣這樣現身說法，真的給了我們很大的希望。」這些反應再次印證回台灣這個決定是正確的。因此，我更積極做研究、帶學生、做公益。上帝也給我機會，能同時把公益的議題帶入教學研究中，例如學生在完成「小小人兒線上百科」、「遊戲式反毒宣導系統」的同時，也完成了他的研究論文。這樣的結果讓我大受振奮，這是互惠、雙贏的局面。

要轉身回頭嗎？

在帶領第一屆的學生時，我覺得應該改變自己之前在英國教學的角色；布魯奈爾大學為了能讓老師專心於學術研究，為研究生建立一套完整的管理、輔導系統，每位研究生的生活都有一位輔導者關心，老師與學生的關係幾乎全放在專業教導與學習上，每一位老師的研究與教學都是獨立的。

但台灣有不同的文化，我必須花費極大心力與時間建立實驗室的制度，和學生互動、對談。如果以比例顯示，在布魯奈爾大學，專業上的教學與研究佔百分之七十，照顧學生約佔百分之三十，進入「中央」後卻恰恰相反、倒轉過來。開始時，不習慣，也覺得痛苦，有次甚至被學生氣到真的動了回英國的念頭！

我每一年都會檢查自己去年完成多少篇論文，在中央大學的第二年（二〇一一年），我驚訝地發現竟然只刊登了一篇論文！這在我的學術生涯是很少發生過的狀況！我心生一絲恐懼；教授生涯中，最重要的就是發表學術論文，我也知道學校、台灣學術界如此看重我的原因是我發表過很多品質、內容俱佳的論文；我擔心這種狀況會持續下去嗎？沒有論文，我是不是辜負了「中央」對我的期望？為了自己的前途，我是不是應該把大部分時間從學生身上抽回來，放在自己的研究裡？

我疑惑、猶豫著，可是每當學生來找我談話，我沒有辦法拒絕他們，他們正值尋找自己人生方向的時刻，有的學生正面臨生活中的難關，我知道孩子們在求助，我做不到視而不見、不理不睬！

要轉身，重新進入自己的研究領域是容易的，但最終，我還是選擇了這裡的學生。

雙贏

我的許多學生雖然已經念到研究所，但心靈狀態與學問是兩條平行線；平日，他們用「求學」、「研究」隱藏自己心靈的傷口，但往往在進入研究所時，功課壓力加上心靈已有的創傷，讓他們的情緒常處於波濤起伏中。

一旦與這些孩子建立信任關係，我常驚訝地發現原來他們的心是這麼苦！這些孩子慢慢適應課業壓力，願意與我深談，狀況逐漸穩定。與孩子們建立信任關係，學生們也接受我對他們的要求，實驗室的文化慢慢成形。當然，有學生對我的嚴格要求發出怨言，但他們看到第一屆學長、學姊幾乎都找到非常好的工作，怨言就漸漸減少。

我帶學生寫論文時，一定以知名國際期刊會接受的標準要求學生，這個過程很辛苦，但絕對值得；前提是如果一開始我沒建立好研究室的規則，大家的態度鬆散，就很難寫出立論嚴謹的論文，要把學生鬆散的論文轉成期刊論文，幾乎是緣木求魚。當知名期刊刊登出來時，學生不但獲得很大的成就感，對他們往後的求職助益更大。如今，我不但回復了自己以前寫論文的數量，而且大多數論文都是我帶著實驗室學生一起完成，與學生共同發表於知名國際期刊。

回台至今十二年，仍然有人問我：「你放棄英國的一切，不是很可惜嗎？」對我而言，在英國繼續教書與回到台灣教書，似乎是金錢地位與生命的比較：我留在英國教書，薪資優渥，專心於研究，學術地位也一定會高高在上，但那是屬於我自己的榮耀；回到台灣教書，與學生有更多的接觸，或許，我得犧牲一些自己的時間，或許我得犧牲好多篇論文，但，看著學生從原本的苦境竄拔而出，這樣的喜樂與安慰大概不是獨自高高在上所能享有的。

人的一生似乎一直面臨「做選擇」的狀況，例如我二〇〇九年回到台灣，其實這個選項當時絕不在我的人生計畫中。人生中有很多選擇，與我們初始的計畫不同，但不要害怕，我們憑著自己具有的能力、考量自己與外在的環境與需求，做了選擇後之後，該做的就是為自己所選擇的負起責任，珍惜隨之而來的每一個新機會。

此外，因為我是基督徒，在做選擇之前，會先審視哪一條路最呼應我的信仰，信仰帶出來的價值觀決定了我如何做選擇。如果沒有信仰，心中就要有一套合於社會規範、合於對自己期待的思想主軸，幫助你做選擇；但這要非常小心，因為人的心是會隨著時空變化的，我們要時刻謹守不讓自己的價值觀沉淪，才不致做出讓自己老年時不敢回頭看自己的憾恨。

我相信，當我們盡自己的努力在正道上往前邁進時，上帝便會讓我們看見自己所要迎接的明天。

02

機會是留給準備好的人

不論面臨什麼事，一定要認真以對；我們面臨的每一件事，或許對自己的未來都是一個機會。

真是太困難了！

記得大三時，一位老師出了一門功課：要我們每一個人都做一份「圖書資源示意圖」（Library Pathfinder）。我後來才知道我們是全台灣第一屆做這個功課的學生。

做這個功課需要先選擇一個主題，再找一個圖書館當背景，我們要悉數列出這個圖書館有哪些關於這個主題的各種資料，也需要列出這個主題在某一項參考資料中的第幾頁。一聽到這個作業的規則，大家都哀嚎不已，這樣的細微要求簡直像大海撈針……

那時候，老師出的每一門功課，大家的第一個反應一定都是先找學長、學姊借筆記，想要參考他們當初如何寫這門功課，但是，這門功課，我們求救無門，沒有人做過這個功課！

這不是小組作業，是個人作業，在四處無援的情況下，只好自己來了，我記得當時連著好幾天的白天，我幾乎就是「泡」在圖書館裡，晚上則繼續整理白天找到的資料。

有一天，我的整理作業一直做到天亮，至今猶記得當時猛然抬頭見到天際破曉的魚肚白顏色，我想要闔眼一會兒時，雙腳已經麻痺，我艱難地爬上了床。

發作業成績時，我是全班最高分。

誰能預測呢！

大學即將畢業時，面臨就業問題，我知道以自己的身材不好找工作，便興起考國家考試的念頭，如果能成為公務員，或許對將來的生活有點保障。萬萬沒想到，當時國家高普考簡章清清楚楚寫著不接受高度畸形者。這一條規定把我徹底拒於門外，當時覺得似乎我的未來也跟著消失了，沮喪到極點。

不能參加公務員考試，我只好另覓出路，畢業後，決定去美國馬里蘭大學攻讀碩士，碩二即將畢業的某一天，我收到台灣立法院寄來一封信，原來是大三的這位老師邀請我畢業後進入立法院做系統分析師。進入立法院工作後，我也才知道我是這一批新進人員中，唯二以「海外學人歸國服務」的方式，不需經過考試，便直接任用的「工作人員」。很諷刺的是，我畢業時想考高普考進入公家機關，卻因政府不接納身體殘障者而吃閉門羹，誰想得到兩年後，我竟是受邀進入政府機關工作。

有一次，我有私下與老師聊天的機會：「老師，您當初為什麼會想到找我進入立法院？」

「我很清楚記得你當初修我的課時，Library Pathfinder（圖書資源示意圖）這門功課做得很出色，在你交的作業裡，可以看得出你是個很認真的人，我才有信心找你一起工作。」

回想大三寫作業時，我也只是認命地想把功課盡力寫得完整，誰會知道這竟影響了我日後的工作機會。今天，我與學生聊天時，也常會提醒他們「認命」的意義：認命後，無意義的掙扎就消失了；認命後，就可以心平氣和地面對眼前景況，才能從中找出出路。當然也有人認命後，就一切歸咎於老天爺不公平。我想這之間的差別，大概就是每個人想要自己成為什麼樣的人吧！

不論面臨什麼事，一定要認真以對，我們絕對不會知道自己當下的每一個態度，在將來的日子裡，會為自己帶來什麼樣的影響。我們面臨的每一件事，或許對自己的未來都是一個機會。

在困境裡，用對自己的期待支撐自己

我常會在晚餐時間找一位學生一起進餐，在這段時間裡與這位學生談談他在課業上的學習，有時候也聊聊學生的家庭。到目前為止，我覺得這是一個多瞭解學生的好方法。

有一次，我與天本一起晚餐，聊天中知道他有經濟困境；他是一位積極又努力的學生，在學習上完全沒有問題，我很心疼這樣的學生——在困境裡，仍然用對自己的期待支撐自己。晚餐結束後，我一直思考可以如何在不傷害天本自尊的前提下，幫助他緩解一些經濟難處。

按著學校規定，每一門課可以找一位助教幫忙，但助教一定是要正在修課的學生，我就請正在修我這門課的天本做我的助教；我又另外請他幫我負責研究室的環境整理，這樣他就有三份收入：做研究的計畫經費、助教薪資、管理實驗室的些微收入。這些收入的總和解決了他對經濟的擔心。

進入二年級不再修我的課，天本就少了一份助教收入，正巧此時在職專班要聘助教，天本的資格完全吻合，我就幫他申請。

「天助自助者」這個說法似乎很吻合天本的狀況，他的學習態度積極努力，寫的論文清楚詳細；做事也肯負責任，處理或傳達事情從不拖延，他能做的，都認真完成，我也沒聽他有過抱怨，但經濟來源不是他能掌控的，我想老天爺一定也疼愛這樣的孩子，便給他機會，可以稍稍解決經濟困窘。如果天本不努力，一來我不會積極幫助他找收入，二來也未必都正巧碰得上這些機會，而且這些機會銜接得恰是時候，沒有讓天本斷了經濟來源。

天本的情況也告訴我們：想得到別人的資源輔助時，得先自己付出努力。你的努力，別人都看在眼裡，即使真的委屈到無人看見，要相信老天爺絕不虧待認真努力、心地善良的人。有些人則不然，只做了一點點，就深恐別人不知，到處宣揚或到處訴苦埋怨，或許當時聽到的人會給予一些些安慰，但恐怕也只能得到這樣程度的回應了。

這讓我想起聖經裡有一段記載：主耶穌要人不論是施捨或是禱告時，不可在別人面前大張旗鼓，故意想要得榮耀、得誇讚，主耶穌說這樣的人已經得到了他們的賞賜，再無更多。主耶穌說禱告的時候，要進屋裡，關上門，敬虔禱告，天父會在暗中察看，必然報答。「天助自助者」不就是這種情況的如實寫照嗎！

03

靠思考？還是靠直覺？

如果遇到問題，我們的答案總是「我沒想那麼多……」，漸漸地，「思考」就會離我們愈來愈遠，甚至最終失去「思考」的能力。

二〇一六年，我申請科技部「傑出研究獎」，沒有得獎。後來輾轉知道某一位審查委員對我的申請有意見，因此我沒有過關。

有一次，在一個活動中，遇見這位審查委員，一看到他，「直覺上」對他有情緒，第一個念頭是不要與他打招呼。我想轉頭去別的地方，但我的「思考」攔住我這樣的情緒：「我是輾轉知道他對我的申請有意見，但為什麼不趁著這個時候，向他本人請教確實原因，萬一我聽到的是誤傳呢？」我想了兩、三分鐘後，便走向他。

「您好。方便與您聊聊嗎？……關於我的傑出研究獎申請，您能告訴我哪裡需要改進，好作為我以後的參考嗎？」我態度很謙虛。

他告訴了我原因。原來不是我的申請內容有問題，而是一些技術上的處理不符合審查委員們的喜好。

二〇一七年，我第二次再申請這個獎項時，便知道該避開哪些技術上的風險，也就順利得到這個獎項。

這個事件讓我體會：直覺的情緒不能解決事情，我的「思考」告訴我：怪不怪審查委員於事無補，我應該知道的是真相。

思考讓狀況柳暗花明

有一次我在菲律賓開會時，想申請教育部一個計畫，但人在國外，所有資料都不在手邊。

當時我第一個念頭是：「這大概不行了吧，離申請截止日已經沒幾天了，我回去還有好多事要處理，怎麼趕得及呢……」

但隨即想：「如果我要申請這個計畫，我現在有沒有可以先做的事情？」

我思索整個流程需要完成的步驟，似乎看到一點點希望：「或許，我可以先為這個計畫打好骨架，回去再填上血和肉（細節內容），這或許來得及……」在菲律賓，我利用休息時間仔細思考、建構這個申請書的架構，回到台灣後，因為整個環節都已經細細想了一遍，很清楚在骨架的每一個地方需要填上什麼內容，我只用四天的時間便完成，送出了申請，並且也順利拿到這個計畫。

這也是一個乍看之下似乎不可能完成的事，如果當時我憑著自己的直覺「時間太匆促，不可能完成」而放棄，就真的與這個計畫擦身而過了，但我靜下心思考：「真的不可能了嗎？」果真，「思考」讓我有了柳暗花明的結果。

褓姆累死．大家餓死

怡君的母親八十大壽，孩子們租了一間民宿，帶著母親出遊，說好每個孩子負責做一餐，大家一起慶祝。怡君負責的那一餐決定要做手工拉麵，怡君極力推薦她家褓姆做的手工拉麵，大家也都期待著。結果，那一餐是大家餓到下午三點才吃到這頓飯！

手工拉麵只有褓姆一人會做，帶去的工具也只有一份，旁人想幫忙也幫不了，只見褓姆一人汗流浹背地做著十幾個人的分量……

怡君的弟弟很不解地問怡君：「你怎麼會做這個決定？難道你不知道這件事只有褓姆一人會做，旁人幫不了忙，一個人如何應付十幾張嘴在短時間的需要？而且，這個拉麵又無法先做好備用，得要現場做，你事先沒有考慮這些因素嗎？」

果然怡君沒有考慮這些，她說：「我沒想這麼多，只是覺得這個拉麵很好吃，想讓大家也都嚐一嚐……」這個沒有經過思考，只憑直覺決定的後果是褓姆累死了，大家也餓死了。

從雲端摔落地獄

洋生的程式能力非常好，有一次與他聊找工作的事，洋生興沖沖地說：「老師，我已經找到工作了。」

「什麼工作？」這是好消息。

「我朋友的公司，他說我一畢業就可以就職，他說老闆一個月要給我七到八萬薪水。」洋生難掩臉上的笑意。

「哇，你還沒畢業，一份月薪七、八萬的工作就在等你。」但隨即我冷靜下來：「洋生，這會不會有問題?這樣的薪資不符合市場啊!」

「老師，你不相信我的能力嗎？」

聽到洋生這樣說，我心裡的懷疑更大了，一個碩士生每月薪資如有五萬元，便算是很高的，洋生不是出世奇才，七、八萬元的月薪，這與平均一般薪資差距太大了。

「你最好去問清楚，我覺得這中間或許有誤會。」

當天晚上十一點，我要離開實驗室時，看到洋生一副被鬥敗、彷彿從雲端掉到地獄的模樣，頹然地站在我門口。

「你怎麼了？」我大概猜到是什麼情形。

「老師，你是對的……」

讓「思考」先回來

原來洋生在工作的朋友有一個程式不會寫，請洋生幫忙。朋友卻藉口說：「我老闆想看看你寫程式的能力……」他把自己不會寫的程式交給洋生。

朋友把寫好的程式交給老闆後，回頭又騙洋生：「我老闆說你的程式寫得很好，以後拿七、八萬的薪水應該不是問題，你以後可以來我們公司上班。」

就這樣，朋友每次藉口老闆要洋生寫哪些程式，洋生為了在將來的老闆面前有好表現，都一一完成。其實這些程式都是朋友工作的分內事，洋生毫不知情。

這件事從頭到尾，老闆根本不知有洋生這個人，洋生做了槍手，還以為日後前途大好。

洋生知道真相後，非常沮喪，自己竟然在這個騙局裡，興奮、期待了好一陣子！

「老師，你一開始為什麼會懷疑？為什麼我就傻傻得相信了？」洋生滿懷不解。

「洋生，這一聽就知道是不合常情的事，凡是不合常理的，都要放慢腳步仔細觀察、詢問清楚。你聽到朋友這樣說時，要先想自己是一個碩士，現在碩士在工作市場上的薪資行情是多少，你如果不知道，也要去打聽一下。」

「你一聽月薪有七、八萬，就信以為真、高興得不得了，你朋友要你寫什麼程式，你都認真寫妥。你沒有讓自己停下來先求證，再想一想有這個可能性嗎。」

這件事後，洋生的「思考」慢慢回來了。

現在想想這件事，有時候真會無奈地笑出來，如果我也是個只靠直覺反應的老師，就有可能也高興地跟著起鬨：「我的學生真不錯，還沒畢業就可以得到這麼高的薪水……」一場鬧鬨下來後就是一場全空。還好，我帶著洋生踩了煞車，讓「思考」先回來，帶著洋生做該做的求證，當然對洋生而言，失去一個工作機會也是一個痛，但是換來讓洋生明白，面對事情時「思考」有多重要，這是值得的。

04

這不是能力問題

面對新挑戰時，嘗試，就有新的可能；不試，就在原地打轉。

動力從何而來？

在教學過程中，遇到許多不同類型的學生，對於正孝，我記憶猶深。

當一個適合的任務或是他喜歡的事情——尤其是屬於操作型的事物——出現在他眼前時，別人根本不須叮嚀，他立刻會積極主動接手而且做得很好。二〇一六年初，有家電視台訪問我，告知訪問內容會在某日晚間新聞播出。過些時日電視台會把這些內容放在Youtube上，所以我並不急著看那晚的新聞。

正孝知道此事後說：「老師，我可以讓大家在當天就在比較大的電腦螢幕上看到新聞。」實驗室裡沒有電視，但他卻胸有成竹。他不但讓大家當晚就看到新聞，還當場就把分別在兩段新聞出現關於我的內容，剪輯妥當並另錄新檔完成。透過網路，讓大家可以看到當晚播出的新聞。

這讓我很吃驚，平日請他做件事，他最多做到六十分就停手，但這件事我完全沒有請他幫忙，卻做得如此漂亮。

「你為什麼願意做這件事？而且做得這麼好！」我問正孝。這更讓我確定以前正孝沒把功課做好絕不是能力問題。

「因為我有興趣啊。」正孝的答覆倒也簡單明瞭。

正孝喜歡處理操作型事物勝於動腦籌劃型事物，在強大外力的要求下或他對某件事有極高的興趣下，才願意動腦籌劃設想，否則，引不起他動腦的動力。例如這一次透過網路看直播新聞並同時剪輯、錄影完成，這項事情雖然動手的成分大於動腦，但如果事先不先計畫妥當，恐怕也很難完成，所以，正孝不是不能動腦，而是他沒有這個習慣。

接受挑戰

正孝的資質不差，可惜的是他遇到自己喜歡的，便非常專注地投以時間、精力，但對沒興趣、不喜歡的，幾乎完全不理會；現在許多年輕人的學習態度亦是如此。這樣的「決定」其實是壯大了自己「逃避」的態度！為自己不喜歡的事付出基本應有的努力，這是訓練我們勇於面對的勇氣、耐心與持久力。我們都知道在逆境中才學得深刻，如果能克服自己的不喜歡，將來也才有能力面對自己不喜歡的困境。

在每一個認真的學習裡，我們終將發現自己的強項與弱點，當我們心裡清楚選擇自己的強項後，就可以快樂地在自己的長處中「衣帶漸寬終不悔」，也因為確實走過、經歷過自己的強項與弱點，為自己累積了面對挫折、處理不擅長事務的基本能力，日積月累下來，終將為自己成就成功的閃亮！

我想起自己在英國教書時，我自己及周圍的人很快就看到我的天賦——我能夠很快完成論文，也能很快地完成研究計畫；我的研究做得很出色，但對教學的想法則是只要求自己在二、三十人的小班中「別出錯」就可以了。

有一次學校要我教一堂有三百位學生的課，我心裡抗拒；副校長給我一句話：「現在沒有人會懷疑你的研究表現，但是如果你也能把書教好，大家會對你刮目相看。」我覺得副校長的話有道理，因此立刻願意改變自己原本的想法，接受這個挑戰——開始教授有三百位學生的課。

現在回頭想想，這真是上帝為我預備的訓練機會，回到台灣的各場演講，常常動輒千人，如果沒有面對三百學生的經歷，一直都帶小班制，恐怕也很難面對上千人參加的演講。接受刺激、挑戰時，願意很快改變自己固守的心態，就有機會、也有可能將自己的短處往上提升。

你一定不會是現在的你

遇到挑戰、需要改變時，很多人會不想跨出那一步，自我說服：「我就是這樣啊，這就是我的個性啊……」沒有人應該說他就是某個型態定型了。面對新挑戰時，我們不能馬上確定那將來會不會成為我們的強項，但如果立刻拒絕，它鐵定不會成為我們的強項。一定要給自己機會，看自己的未來時，不要用現在的眼光去評量，如果抱著開放、勇於接受挑戰的態度，我們會發現一個比現在更精采的自己。

人的所有才能、機會與資源，都來自上帝，我們無法決定自己的天賦才能是什麼，只能承接上帝給我們的；我們要做的是盡我們作為人的本分，發現並且妥善使用上帝放在我們身上的才能、處理上帝為我們安排的機會與資源，就能為自己開創屬於自己的獨特光彩。

至於如何發現、尋找屬於自己的天賦才能，以我為例：從英國回到台灣，對我來說是很大的變動，我在英國的教學、研究，一切都很上軌道，也有好成績，但是回到台灣，一切都需要從頭開始，能不能有成績，一切也都是未知，我其實是帶著忐忑的心回來的。但是，我告訴自己，不論在哪裡、時間多長，我一定要扮演好當時的角色。當我盡心盡力後，就清楚看到自己該如何選擇。

不要害怕踏出未知的腳步，上帝為人預備的是我們眼睛未曾看見、耳朵未曾聽見、人心也未曾想到的。上帝把機會放在我們肉眼看不到的前方，我們要做的就是去嘗試，去試就有新的可能；不試，就在原地打轉。在嘗試的過程中，仔細觀察自己對這件事的反應，如果你是以不快樂的心面對這件事，雖然做得差強人意，但這恐怕也不是你的天賦才能；但若是快樂、心甘情願處理這件事帶來的任何狀況，基本上，它大概就是等待你去努力後將會屬於你的強項。

05 情緒不能解決問題

瞬間爆發怒氣可以帶來一時痛快，卻可能斷了自己後路。

錯怒

我自己在學習過程中，慢慢學會不用情緒解決問題，而是針對問題去處理問題，這是受到布魯奈爾大學亦師亦友的Robert的影響。

我在布魯奈爾教書時，系裡舉辦一個「書報討論」活動，每位老師輪流在一個學期裡主辦每週一次的演講。輪到我的那個學期，一位資深教授插手介入安排講員，我很不高興，詢問當時的系主任Robert這位資深教授怎可如此不尊重人，插手干預。

當時Robert正準備回家，他回過頭坐下來與我討論這件事：「你帶著這種情緒，心裡能夠平靜地解決問題嗎？或是這個情緒可以幫助你解決問題？如果你先弄明白事情原委，是不是比較能夠思考、想辦法解決？」Robert並不是說了三言兩語之後就急著離開，他定定坐著陪伴我，與我聊了很久，幫助我慢慢把情緒平靜下來。

第二天，我去找那位資深教授，才明白因為有優秀學者從國外來，資深教授認為機不可失，便緊急安插這一次的「書報討論」。

陪伴

小我七歲的Robert竟然如此成熟，他點醒了我如此受情緒影響。慢慢地，我學習在情緒高漲時把情緒和事件分開處理，我可以找與此事件無關的好友發洩情緒；當要處理這個事件時，就可以很平心靜氣地面對、尋找原因、解決問題。人難免會碰到讓自己氣憤的事，這是我常使用的其中一個方法：找一位信賴卻與這件事無關的人，不論是吐苦水或是討論這件讓人氣憤的事，我都不需擔心他會洩漏出去，因為彼此互相信賴，他也會從第三者的立場給我意見，而這樣的意見不含有情緒，或許就比較中肯。

在布魯奈爾大學教書時，有次遇到一件難解的困境不知該如何是好，晚上我在Robert休息時間打電話請教他，Robert非常有耐心地幫我分析。要掛電話時，我由衷地謝謝Robert：「耗費了你的休息時間，我真的非常謝謝你這樣不厭其煩地幫助我、指引我……」

「Sherry，你不要謝我，我現在為你做的事情，將來如果有機會，你也可以為別人做，這就是對我的回報。」直到今日，這句話一直牢牢烙印在我心上。

重點在哪裡？

五十多歲的清益在某學院教書，因為大環境少子化影響，對日後能否被續聘很有危機感。一年多前，他來跟著我學習寫論文，想進入其他學術機構。

有一天，清益要去開會，無法教課，找了一位代課老師幫忙。他認為找好了代課老師就沒問題，因此沒向校方請假。沒想到代課老師沒有去代課，學校要為這事開懲戒會。

清益的心腸柔軟又樂意助人，但他對事情的分際、底線常是模糊的，例如他眼前最重要的事是要寫出數篇論文，才能去其他學校或研究機構應徵職務；有次我臨時請他根據實驗結果畫一張圖，這對他撰寫論文有幫助，但清益回覆我：「老師，不行，那天我要陪爸爸去看盆栽。」

「清益，你已知道原學校要解聘你了，你現在比較重要的事是帶爸爸去看盆栽？還是抓住每一個時間，趕快為自己準備足夠的應徵資料？」我大惑不解。

「可是，看到年老爸爸的微笑，我心裡會很高興。」

「等到你爸爸知道你沒有工作，而且也找不到新工作時，你覺得他的微笑會更好嗎？」

清益仍然絮絮說著爸爸喜歡看盆栽……

「學校代課風波的事情，現在進行的情況如何了？」我不得不打斷他的「孝心」。

「我打聽到，好像學校只會罰一點錢而已……」

拖別人下水的情緒

幾天後，他email告訴我第二天要開懲戒會，他不請假的事情在學校裡好像鬧大了，嚴重的話，他會被免職，退休金會一併被沒入，讓他心情很不好。

他來找我和另一位老師，想和我們聊聊。

「代課的風波，我原以為學校罰個錢就會沒事，但我再去問人事室想確認，人事室卻不願意告訴我狀況……」

「在明天的懲戒會中，你打算如何為自己申訴？」我問他。

「我會告訴他們學校的某某某、某某某也都發生過這種狀況……」

「清益，你如果這樣回應，一定會被免職。你到底清不清楚『免職』與『提前退休』對你有什麼影響？『提前退休』表示你可以拿到退休金，『免職』是你一毛錢也拿不到啊！」我很訝異清益竟然打算用「情緒」、拖別人下水的方式去面對懲戒會。

「那我應該怎麼回應？」看得出清益有點六神無主了。

「你應該先為自己的疏忽道歉，言明如果學校給你任何處分，你都能理解，可是你可以請學校考慮你過往曾經為學校貢獻過的心力，學校是否可以考慮從輕處置。」我給出衷心的建議。

不要讓爆發的情緒沒有節制

另一位老師和清益都奇怪我為什麼會如此反應。

「你明天在懲戒會裡的申訴是想發洩情緒？還是想解決問題？」我再問清益。

另一位老師已經明白箇中原由。

一個犯錯的人，需要誠實面對自己的錯誤，而不是把曾經犯錯的人也一起拖下水，或是反擊調查方處理不公平。清益這樣的反擊只會激怒負責調查的懲戒會委員。

第二天，學校如期召開懲戒會議討論清益的案子，第一階段是討論如何懲處，第二階段是臨時動議。清益依著我的建議答辯，態度良好，評議老師告訴他：「我們會設『臨時動議』，目的就在看你對這件事有什麼反應、態度如何，再討論最後懲處方式。現在我們最後決議只記你一個大過，不會免職。」

就這樣，清益的退休金保住了。

我問清益：「你在這件事情中學到什麼？為什麼人事室什麼都不對你說？」清益反省他的確只想發洩情緒，根本沒有想到該如何解決問題。人事室或許也是因為清益的態度而不想告訴他更清楚的內容。

每一個人都會有情緒，我們也一定要處理心中冒出的壞情緒，但是要讓它在什麼時候出現，這是我們要學習的功課。不要讓爆發的情緒沒有節制，不要讓它出現在不該出現的時間與地點，我們一定要學會做情緒的主人，而不是被情緒拖著走，否則，只會讓自己陷入更不堪的境況。

我自己處理情緒的方法，除了上面說到找信賴且與事件無關的人發洩之外，我也會禱告。聖經告訴我們：「一天的憂慮一天當就夠了。」、「不要含怒到日落。」我把整件事的對錯交在上帝手裡，我就放心去睡覺了。

或許有人說這樣的態度不負責任，自己的事怎麼就撒手丟給上帝，自己不管了！我卻不這樣認為，因為我知道人的思慮再如何周延，也只能就眼前或已知的狀態去衡量、評估，我們能處理所有事情嗎？又能看清事情多少的原貌呢？上帝所能看見、知道的，一定勝於任何人，我把事情、把委屈交給上帝，由上帝做我的仲裁者，如果我錯了，我心甘情願更正；如果我是對的，上帝自有讓事情迴轉的方法。

另外，還有一個我也會使用的方法是轉移注意力，不讓自己一直落在壞情緒中，例如去做些別的事轉移自己當下的情緒。

當然，我也會有當場怒氣衝天的時刻，但我一定會先壓住要飆出的怒氣，強迫自己先想想發洩怒氣可以賺得一時痛快，但它帶出的後果是我能承擔的嗎？這需要練習，但是如果有心把它當成一個重要的練習，「不由自主飆出怒氣」的失控時刻一定就會漸漸減少。

06 看見每個人的不同

不要輕易拒絕看起來像是難題的挑戰，只要不放棄，天無絕人之路！

因為身材與一般人不同，一般正常人的衣衫於我絕對尺寸不合，但我也不想因為買衣服不方便而馬虎、將就著隨便穿，或是退而求其次在童裝部買太兒童款式的衣服；我已經五十多歲且為人師長，穿著太兒童款式的衣服，不是有點滑稽嗎！

我可以找一些正常成人的短版衣服，但未必總是能找到合意的，雖然選擇的數量、款式都受限，看起來選擇條件不佳，但我不要自己被困住。我在這種限制中，為自己找到解套方法：可以找兒童版的素面衫，外面再套一件成人的短版背心；一方面做裝飾，二方面做「掩護」，這樣一來，我就不會讓自己困在選擇稀少的困境中。

用「資料探勘」分析人機互動

我大學念圖書館學，雖然修過一點電腦課程，但「電腦」不是這個系的重點；碩士班念「資訊」，雖然又修了一些電腦課程，但我沒有辦法駕輕就熟地寫演算法、程式等等這些專業內容。不過我知道自己的邏輯、推理能力不錯，念資訊於我而言，是從非技術人員進入技術世界。

念碩士班和博士班時，我選擇「人機互動」這個領域，這是一個著重人與電腦互動的研究，我的研究重點是瞭解不同人的特質會如何影響他們與電腦系統之間的互動，例如一般而言，女性的方向感比男性稍差，與系統互動時，就比男性容易迷失，我們就研究可以設計哪些幫助女性在操作時，不那麼容易迷失的方式。在這種研究中，不需要太多技術層面，但又屬於電腦資訊科學的範疇。

大約十年前，「資料探勘」（Data Mining）是一門非常技術性的學問，我用「資料探勘」分析人機互動，這是需要合作的研究，我決定主題，著力於屬於「人文」方面的研究，比較技術性的執行則交託給專業技術人才，這種跨領域的合作，讓我產生了許多篇國際期刊論文。

天無絕人之路！

有一年，我還在布魯奈爾大學剛剛開始做「資料探勘」研究時，一本國際期刊向我邀稿，希望我寫一篇屬於「review paper」綜論性質的論文。我的專長不在技術研究，要做技術綜論的困難度可想而知。一接到這個邀稿時，心裡冒出許多自我對話：「我不是專攻技術，怎麼會找我寫這個主題？……邀稿的人到底有沒有弄清楚我的專業是什麼……我要怎麼下筆呢？……」這些反應都是站在「既定觀點」考慮。

我不是一個輕言放棄的人，決定把過去關於「資料探勘」的研究做一個綜論。我仔細思考自己的強項，也思考自己在這篇邀稿中有沒有可切入的角度。我沒辦法「評論」各篇論文的「技術」部分，但可以探討各篇探勘論文中的「應用」部分，例如它在個人化的應用、在電子商務上的應用等等，這些都不屬於「技術」範疇。我決定這篇邀稿的內容要往這個方向進行。

沒想到，這篇邀稿論文發表後，獲得許多好評，被引用的次數已經超過百餘次；因為大部分做「資料探勘」探討的出發點都聚焦於「技術」層面，而非「應用」層面，我這篇論文幾乎成了絕無僅有的「寶貝」。

這件事清楚顯明：不要輕易拒絕看起來像是難題的挑戰，只要不放棄，天無絕人之路！

我的身體與一般常人不同，想一想，我還真需要這種不放棄的精神，否則生活上一定會遇到許多苦不堪言或是無法跨越的窘況。當然，這樣的態度也影響了我帶學生做研究的時刻。

每一個人都是良駒

振祥來攻讀第二個碩士。他的第一個碩士研讀光學，這次是完全不同的領域。初進實驗室時，他以為自己需要依循所裡研究生的傳統，要畢業就得完成以Flash、Java、Android這些程式語言建立系統，用自己建立的系統去做實驗。

振祥與我討論時，心理壓力很大，他雖然考上這個系所，但認為寫程式很困難。我發現振祥平時與人相處也很武裝自己，彷若有道高牆隔開與外界的接觸，我覺得自己似乎也進不去他的內心，再加上他的武裝，因此一直無法決定論文題目。

就這樣過了三、四個月，振祥只來上課，對於論文的事，絲毫未談。

有一天，我無意中知道他玩樂團，會很多樂器如鋼琴、打鼓、吉他……還自己用電腦軟體譜曲，也發表過。我念頭一轉：「為什麼不發揮他的專長……我的許多學生已經發展出許多遊戲式學習系統，這些系統都需要背景音樂，振祥來做背景音樂會不會適才適所？」我與振祥討論後，立刻定下他的論文主軸：「背景音樂對遊戲式學習的影響」，這個論文包括兩個分題：有背景音樂與沒有背景音樂的影響；適配的背景音樂與不適配的背景音樂造成的影響。

「老師，我真的不需要寫程式嗎？」振祥不可置信，眼睛瞪得好大。

「是真的，你要做的是背景『音樂』！」我特別加重「音樂」兩字的語氣。

看到振祥眼中閃爍的光芒，我心想「got it」！這個研究裡，振祥不需要開發新系統、寫程式，只要用別的學生已經完成的系統就可進行。

決定研究主軸後，振祥每天如魚得水，帶著輕鬆愉快的心情，踏上他最有興趣的研究旅程。他的實驗數據都很漂亮，論文進展得非常順利，因此準時順利畢業，目前在一間極負盛名的電腦公司工作。

我在振祥這件事上，真的體會「人各有才」，每一個人遇見伯樂時，都會是一匹千里良駒。但是我們能做開啟別人的伯樂嗎？

07

勉強後帶來的喜悅

人不可能完全沒有惰性，而是在於我們發現自己應該放手那些沉迷的事物時，我們的決定是什麼？

對自己的期望

生命是由一點一滴的生活累積而成；生活所包含的內容林林總總，不可能事事都順著自己的心意，如果一個人能在逆境中勉強自己，這個人就不會活得晦暗、消極。

我念博士班時，有一次，指導老師Nigel Ford一整個禮拜都不在學校，正巧那段時間有位台灣同學從台灣帶來好多武俠小說，大家樂得一本接一本閱讀，看完了再互相交換。

我也沉迷在沒有老師督促的俠義世界裡。連著看了三天武俠小說，不知為什麼，到第四天時，突然警覺：「我來英國是念學位的……」這像一記警鐘敲響我的心，我立刻歸還手中所有武俠小說。

人不可能完全沒有惰性，重點在於，我們發現自己應該放手那些沉迷的事物時，我們的決定是什麼？

或許有些人這樣的覺察力比較薄弱，很難分出什麼是重要的、什麼是次要的，這樣就得為自己安排一些「壓力」，例如，如果我知道自己是一個覺察力很弱的人，在老師出門前，我就要答應老師每隔多久要寄多少成果給老師，用這個「壓力」讓自己不致因為督促者不在而荒廢時間；這個前提是我們得先瞭解自己是一個什麼樣的人。

我想要自己成為一個什麼樣的人

在沒有外力的要求下，我們的心一定會知道自己在某段時間該做什麼，但惰性總是讓自己很容易輕忽地度過這段時間。日子越久，這些浪費的時間累積得越多，久而久之，不但沒有建立好習慣，也讓自己損失了一大把時間。

我的建議是如果遇到這種「無力」，一定要在一開始出現「症狀」時學習勉強自己，例如我知道自己應該建立每日與上帝親近的時間，但每天都忙得不可開交，學生的事、研究的事、做計畫的事、學校的事……讓我好像無法再為這事分出時間。可是，我心裡明白這雖不是「緊急」的事，但為了自己的生命，這是「重要」的事，於是下定決心要建立這個習慣。

一開始，我尋找一段時間不長的影音檔，每天不定時收聽，我告訴自己可以不要每天定時，但一定要每天都聽。一段時間後，我發現可以再慢慢為此增加一點時間，現在，我每天與上帝親近的時間越來越多，這是我心靈平靜安穩很重要的來源。

「習慣」很難改變，尤其是要改變已經安逸的心，更是困難，但我們實在要清楚知道「我想要自己成為一個什麼樣的人」，例如我的學姊常常不想去運動，她說她發懶時，就問自己：「某某某，你喜歡一個什麼樣的自己？」心裡有了答案後，自然就知道該怎麼去做。

衡量得失後的勉強

我記得念博士班一年級時，有一次和指導老師討論模型。

我們做實驗前，要先確定模型，模型確定後才能做後面的事。那天與指導老師相約討論，結束後要約下一次的討論時間，老師告訴我因為要出城，下一次相約的時間不是提早就要延後許久。如果提早，正巧碰到中國的農曆新年，我已經答應台灣同學會可以參加大家一起過年的活動；而且，如果提早討論，我得快馬加鞭先完成許多必要的準備，才能在老師還沒出城時與老師討論，討論定案後，我就可以開始進行實驗。但如果延後，我會比較輕鬆，又可以參加同學會的慶祝過年活動，可是我的模型就無法確定，實驗就得停擺不能進行。幾經考慮，我決定提早與老師討論。

宿舍有許多來自台灣的同學，大家要去參加過年歡聚時，一直在樓下叫著我：「攸華姐，攸華姐，走囉，去參加過年活動囉……」在那一刻，我其實非常天人交戰：「去一下不會怎樣，去一下，馬上就回來……」我很想去，想去同學會過年、想去與大家一起互道恭喜新年好，在外的遊子多麼渴望能夠參加與家鄉有關的任何活動，以慰思念。但我知道一到會場，除非等到散會時刻，否則很難舉起離開的腳步。

最後，我做了一個深呼吸，打開窗戶對學弟妹說：「我後天要見老闆，要準備討論的東西，不能參加了。」他們離開後，我花了好幾分鐘冷卻自己的情緒，才能回到電腦前繼續工作。但我的實驗完全沒有耽誤，也不影響後面課業的進程。

在這件事上，我得到的學習是：第二年仍然會有慶祝過年活動，不會因為這一次沒有參加，以後就永遠沒有機會了；我想要的是在活動中的放鬆、熱鬧，但這個熱鬧隨著活動結束也結束了。可是，沒有被耽誤的實驗，讓我可以按著計畫不拖延地往前走。

如果說這一次的活動會影響我畢業的時間，這未免誇張，我想表達的是：這是「心態」問題，如果我每一次都用「才這一次，沒有關係，去跟大家一起熱鬧一下」這樣的心態面對每一次的活動，就真的會影響畢業的時間了。

先想清楚走捷徑要付的代價

絕大部分的人只要有機會，幾乎都會想走捷徑，遇到「機會」來臨時（即使只是看起來像是一個機會），我也會有這種念頭。但我們真要進入自己內心問問自己，會做這種決定，真正的理由是要省時間？還是其實是不想勉強自己？

正元為一個新開發的系統做測試，程式常會出現預料之外的bug，當bug出現時，測試就動彈不得，實驗自然無法繼續進行。正元在我面前展現時，告訴我只出現過一次bug，解決後，他認為程式裡應該沒有bug了，也沒有再做測試。很不幸地，他交給我後，一開始跑程式，bug就出現了。

「你沒有發現這個bug嗎？程式裡只要出現一次，你的實驗就白做了，為什麼不多測試呢？」我問正元。

「啊，我以為已經出現過，應該不會再有了……」

「你沒有想過不做測試的後果嗎？」做測試雖很麻煩，卻是基本功，而且，做測試也僅僅多花二到三天的時間。

「我知道。但我覺得測試很麻煩，而且它跑出來過一次，應該就不會再有了……」

我後來才知道，正元只要有犯錯，他的父母都會幫他接手處理妥當，正元不用做任何善後，所以，他不需要承擔責任，也因此，當他遇到麻煩事情的時候，他會覺得「勉強自己」是不需要的。每個人呈現出的人生，是自己把人生過成的樣貌，有些人隨性做自己，荒廢人生，然後會說：「這是我的選擇，我會自己負責。」但就我所認識、所看到的，很多人是帶著後悔收割自己的荒廢人生，但此時，這一切都為時已晚。

正元和我面對的事情雖不相同，但需要「勉強自己」的心態是一樣的；我勉強自己立刻放下愛讀的武俠小說；勉強自己不去參加渴想的同學會新年聚會，這讓我得以按部就班地完成該做的事。正元如果能夠勉強自己再多做一次測試，或許就可以清除程式裡的bug。

誰都不喜歡「勉強」，因為「勉強」違逆我們喜歡安逸的天性，但是我們要學會衡量，如果「勉強自己」可以為我們帶來更美好的成果，為什麼不犧牲短暫的安逸呢！

08

「我最大」擋住人生好前途

當我們的「自我」不再巨大、慢慢縮小時，更多的美好就可以進入心中了。

不要「沾醬油式」的謙虛

剛回台灣時，我要申請科技部一個計畫；台灣與英國的要求非常不同，在英國申請計畫，如果內容超過六頁會被退回，但在台灣大家都會寫四十頁左右。當時我也請系裡兩位老師作我的共同主持人，我們一起討論計畫內容。

我努力寫好科技部計畫申請初稿後，其中一位副教授說：「我幫你看看內容。」若論資歷，我比他們資深許多；以我所知，很多資深者拉不下臉聽從比自己資淺者的建議，但我極願意聽從他們的意見，調整申請計畫內容。我真的認為資深者更應該放軟身段，聽別人的建議，因為資深者很可能已經被自己長期以來的既有觀念或想法限制了，如果不時時聽取後輩或新生代的想法、意見，代溝就會越來越深、越來越寬。

每個人一定都有不足之處，即使在專業領域中浸淫已深，也不代表在這個領域就是無所不知。我常覺得那些自居無所不知的人，他的心態很可能是「沾醬油式」的表面謙虛一下下而已。

一則告狀的訊息

我收到剛畢業的大強給我一則訊息，內容是告訴我即將畢業的學弟新中以前在實驗室裡玩樂的照片。這是一則告狀的訊息。

我曾經公開對學生說，如果他們的課業能像新中一樣表現優異，應該就可以順利畢業。後來我想這話可能讓後進的學弟、學妹比較信服新中，讓當時最年長的大強心裡不是滋味。

大強還未畢業時，曾經抱怨新中沒有把他當學長看待，但我瞭解情況後，認為處理事情需要看對與錯，而不是誰的「輩分」高就應該聽誰的，因此對大強的抱怨也不表示意見。可是忌妒的心在他心裡卻發芽滋長了，他不想讓新中正常在兩年內就可以畢業。

衝突

收到大強訊息的當天晚上，我想了一下，就在群組（大強、新中都在群組裡）貼上大強送來的這張照片，想暗示大強我已經知道了，這件事可以就此打住。

新中看到我發的這則訊息，第一個反應是我責備他在實驗室玩。他立刻打電話給我解釋他是在休息時間玩。

第二天，我進入辦公室找了新中：「我收到這則訊息時，心裡不是想著你在實驗室玩這件事，而是想著你為什麼會與別人相處得這麼不好，以致讓別人都已經畢業了，還要來告狀。這樣，以後進入職場該如何處理你的人際關係！」「我猜想可能在實驗室要做許多決定時，我的判斷比大強學長快、決定也比他快，這可能讓大強學長很不高興。」

我能理解當時實驗室裡「資格」最深的就是大強和新中，其他的都是學弟、學妹，有些事情當然就是聽學長的決定。大強高新中一屆，論年資大強是實驗室裡最資深的，但大強的思考、反應都比新中慢，一定是新中迅速做了決定，卻也得罪了大強，而且，新中告訴我他和大強曾經因為這樣，發生過好幾次衝突。

「你和大強發生衝突時，為什麼沒有想辦法止住這個火點？為什麼沒有告訴我？」我沒有生氣，也沒有責備新中，只是幫助他分析大強的情緒，也想開導新中該如何處理人際關係，讓他知道以後進入職場，他和大強的相處情況會是很好的借鏡。

多做一步

幾天過去了，有一天，新中的學弟與我談：「新中學長當天離開老師的辦公室後，就告訴我：『我好感動，老師都沒有罵我，還替我想我將來該如何與人相處……』其實我也在觀看老師對這件事情是什麼態度、會怎麼處理。如果你當天責罵新中學長，我會認為你是一位不分青紅皂白的老師，不值得跟著你學習。可是我看到老師這樣處理，我認為你是一位對學生用心、不會不問是非的老師。經過這件事，我心裡覺得與老師的距離更近了。」

學弟的反應讓我吃了一驚，這讓我更知道不論是父母、師長或是職場中的上司，我們的一言一行，孩子、學生、員工都在觀察；做任何決定或行動時，一定要謹慎，如果我們輕率以對，會給孩子、學生、員工帶來很大的影響。

我也想著：一般老師遇到這種狀況，很可能就是訓斥一下新中，要他以後不要在實驗室玩。但我多做了一步，我用這件事關心新中未來進入社會的人際相處。我相信，所有真誠的關懷一定會進入對方心裡；我也很高興在這一次事件裡，我沒有選擇負面訓斥方式，而是以正面的關心，溫暖了學生的心。

柔軟

我想，現在的年輕人對於這種人際關係的處理真的沒有經驗，現在的孩子待人處事總是直來直往，認為只要做得對，就站得直，不管其他，有時傷了對方的自尊卻還渾然不知，但如果別人傷了自己的自尊，就有可能變成天大地大的事。

事實上，年輕時，我遇到事情也比較沒有迴旋餘地，常是硬碰硬地做，不但達不到預期目標，也根本不能解決問題。例如我念完碩士班之後的工作，需要經手許多採購案，我對廠商的態度非常硬，這從好的角度來說是很公正、不徇私，但我不懂得態度要柔軟，有時候就與對方的關係弄得很緊張。

當時父親提醒我：「你不要讓對方認為你是在刁難他們。」可以想像我那時候大概也是個難搞的麻煩人物！那時候，我隱隱約約體會到與廠商聯繫時不受到尊重，經過一次次的不順利，漸漸學習其實可以用比較柔軟的方式堅持公正；不需要改變立場，但是可以用比較好的態度處理事情，也尊重了對方。

這就是「學習」的意義，「學習」不是讓我們可以賺大錢、追求權力，而是有能力進入自己的心，檢查自己的心是硬的、很難受教和改變的？還是軟的，願意學習自己所欠缺的？當我們的「自我」不再巨大、慢慢縮小時，更多的美好就可以進入心中了。

不讓「怪物」在心裡遊蕩

在這件事情中，也可以看見「忌妒」真是人心的大敵，忌妒讓大強即使已經畢業，還不肯放過新中。忌妒的苗一旦在心裡孳生，它會長成可怕的怪物，左右人的思想與行為。我想到聖經記載人類史上第一宗殺人案：哥哥該隱（加音）因為忌妒上帝看上了弟弟亞伯（亞伯爾）獻上的祭物，而將弟弟殺死；上帝詢問哥哥弟弟在哪裡，哥哥仍然氣憤地說：「我不知道，難道我是看顧弟弟的人嗎！」既不是弟弟得罪了他，也不是弟弟做了極大的惡事，竟是因為哥哥心裡的忌妒！忌妒是個可怕的兇手。

有時候，我們會不自覺讓這些可怕的怪物（例如忌妒、貪心）在心裡遊蕩，如果不時時檢查自己內心，給這些怪物留了後路，至終，它就會主宰我們的思想與行為。

09 事情沒有如此簡單

人無遠慮，必有近憂。

在我接觸的範圍內，似乎許多人——不只學生，也包括許多成年人——只看眼前發生的狀況、只按著眼前的狀況便立刻做出反應，「思考」彷彿離他們很遠。

我也觀察到出現「不思考」的學生中，大概會經歷兩個步驟：先是懶惰，存著僥倖認為如果能躲過該做的，不就省事了嗎，然後進入自我催眠，告訴自己事情就是如自己所想的發展，不去多想後果。如果一直沒有從這種狀態中覺醒，漸漸地，時日一久，就喪失了「思考」的能力。

明知故犯

強南的英文不好，也很排斥，但他不得不修我的「學術英語」。有一次，學生們都用email交了作業，我卻發現強南只寫了二分之一，另外一半是空白的。

後來有學生告訴我，強南對他們說：「我覺得老師很忙，她應該沒有時間細看我們的每一份作業。我沒想到老師真的收了我們的email，而且還打開詳閱。」

這個說法可以為強南開脫嗎？

「你為什麼只寫一半？」我問強南。

強南什麼也沒說。

「你有沒有想過如果被我查出來，會怎麼樣？」我再問。

「我沒想，只覺得你一定沒有時間看我們的作業。」

強南不把作業寫完，就很像抽菸的人，明知尼古丁有害健康（強南明知應該完成作業），但很多抽菸的人會告訴自己：「別人抽菸一輩子也沒有受到影響。」

（強南告訴自己老師很忙，不會看學生作業），然後就繼續吞雲吐霧（然後強南決定不要完成作業就交出來）。中國人說：「人無遠慮，必有近憂。」不要覺得自己不會是那個倒楣鬼，該做的不去做，就一定會是那個倒楣鬼，當被逮到時，「近憂」立刻就擺在眼前了。

「要思考」

正洋要根據我給的意見修改他的碩士論文。他重新交上修改後的論文，我也找出我給他的修改意見對照著檢查，竟然發現我在他論文中提出有問題之處，他修正時就直接刪除該處。當天已經很晚了，我請他過來，我要問清楚他是什麼想法！

顯然，來到我面前的正洋有些驚恐，他沒想到我發現了他的偷懶。「你這樣下去，今年一定無法畢業，你申請到的研發替代役也沒辦法報到。」我很明白告訴正洋如果他的論文要繼續這樣混下去，後果將會如何。正洋才告訴我以前延畢的學生幾乎都在十二月畢業，他以為我這一次也會在十二月讓他畢業；而且他認為已經申請到一家不錯的公司的研發替代役，我應該不會在畢業這件事上為難他。我清楚告訴他，能不能畢業與時間無關，而是取決於他的論文是否過關。

這個狀況對正洋來說是很大的震撼，他也才從這個震撼中慢慢甦醒。正洋後來明白如果一直維持原狀，是過不了關的。現在的正洋已經從這種壞習慣中脫身而出，他告訴我：「老師，我現在常告訴學弟妹們『要思考』，我自己以前真的很少思考……」

我很高興看到正洋的改變，但是有正洋以前想法的年輕人並不少，我很為有這種想法的年輕人惋惜，他們似乎把精神和注意力一直放在測試對方的容忍可以到什麼程度，能偷一點空間、偷一點時間就偷一點。如果把這些精神和注意力放在盡能力完成自己該做的事上，一定會出現讓人滿意的成果。但是，為什麼要白白浪費這麼多時間，讓自己受這麼大的虧損呢？這對自己有什麼好處呢？

每個人在不同時候，或多或少可能都會出現僥倖的心理，但一定要懂得煞車，停下來想一想：世界上沒有不勞而獲的事，也沒有白吃的午餐，如果凡事心存僥倖，很可能要承擔的代價是什麼？

別人能奈何呢！

南榮念博士班之前，有兩次工作經驗，都是因為成績不錯被留下來任職，過程是順利的。或許是因為前兩份工作得來並不困難，讓南榮不擔心自己未來的就業狀況。

他決定離開「博士後」的工作時，好幾位老師勸他不要驟然脫離已經努力甚久的學術圈，回老家重新找一個與自己研究沒有相關的朝九晚五工作，這樣很可能會遇到難處。

「我不覺得找工作很困難。」或許是以前的工作來得順利，讓他可以這樣胸有成竹。

南榮沒想到自己此時的年齡已不復當日，也沒有察覺整個就業環境也發生很大的改變。他堅持己見，放棄研究室的一切，想要回老家，準備找一個朝九晚五的工作。

果不其然，半年後，南榮仍然是待業中；再後來，我聽說他得到的新工作需要整天陪伴小朋友；大概一年後，我聽說他因為年齡、身體都吃不消而辭職，又回到待業中。我想到南榮的狀況，第一個浮現的念頭是「好可憐」，但再仔細想，這是南榮自己的選擇、自己的決定，別人能奈何呢！

或許以前覓職順利，讓南榮在「找工作」這件事上，覺得不需要思考太多；雖然工作是事求人，但人也須謀事，所謂的「謀」是思考當前的社會境況、這個工作需要什麼條件、自己具備哪些優勢……。

「凡事豫則立，不豫則廢」，這個「豫」的基礎就是「思考」。

10 沒有自卑可以容身的空間

外貌不是你的一切；如果因不滿於自己的外貌而心生自卑，這就因噎廢食了。因為你的內心才能彰顯你是否真的美麗。

和「希望」一起長大

國中二年級時，我需要再一次確診自己到底罹患的是什麼病，要檢查全身每一處骨頭。我記得自己一個人在X光室接受檢查時，一位曹醫師調整我要照X光的角度，他一邊調整我的姿勢，一邊對我說：「妹妹，不管檢查結果如何，我相信你將來會轟動世界。」當時我懵懂，心裡想著：「喔，或許以後我會很棒喔。」

當我因為身高問題，被高考拒於門外時，我覺得人生失去了希望，可是有一位老師告訴我：「攸華，你非常優秀，我相信即使你沒有報考資格，也一定會在別的地方有好的表現。」老師這樣說了，我的心似乎就漸漸平穩，不再悲情於自己「被拒絕」，我轉移焦點，去多修習了一些電腦課程。今日看來，當時把心放在電腦課程上，對我的未來成了一大助力。「上帝關了這扇門，一定會為你開另一扇窗」，如果我心放在沮喪裡，就看不到這扇希望之窗了。

別只看關上的這扇門

或許有些人認為年幼的我並不聰明，竟然相信媽媽、醫師、老師這些不著邊際的話語，但現在回想，這些充滿正向的鼓勵與安慰，都是一顆顆希望的種子落在我的心田，在我跟著這些希望種子一起慢慢長大的過程中，它們已在不知不覺中與我的生命融合一起，我像是在希望裡長大的孩子，我的腦袋和心裡沒有自卑可以容身的空間。

成長後，經歷許多事情幾乎都是要試第二次才會成功，例如在布魯奈爾大學第一次申請從助理教授升等為副教授時，我過五關斬六將，每一個階段都努力以赴，結果申請沒有通過，我難過得大哭。Robert告訴我：「Sherry，如果你因為升等沒過就頹廢，那麼，學校會認為沒讓你升等是正確的決定。」我聽進了Robert的建議，重新收拾自己的沮喪心情，再從頭努力，後來學校連升我二級職等，這大大出乎我的意料之外。

雖然，長大後的我似乎是個正向、充滿動力的人，但挫折並不會遠離我，可是小時候長輩在我心裡種下的希望，讓成長後的我即使遇到挫折也不會輕言放棄。

為什麼要讓他影響自己的人生？

東銘個子不高，他念高中時，一個同學問他：「你怎麼這麼矮？」從此，東銘自卑心大起，變得做什麼事都沒有動力。

「東銘，你做事態度不積極，是因為這個同學問你這句話的關係嗎？」有一次我與東銘談話，說起這個話題。

「應該多多少少有影響。我覺得自己好像永遠就輸人一截。」東銘也不隱瞞。

「現在這位同學在哪裡了？」

「我也不知道。」東銘沒什麼表情。

「東銘，現在他在哪裡你都不知道，顯然他不是你生活中重要的人。你為什麼要讓這個對你一點也不重要的人的一句話影響你一生呢？」我有點心疼東銘。

「他對你來說是個不相關的人，但是你的人生卻受他影響，這是不是太不合理？」我不知能不能稍稍點醒東銘。

東銘念了一年後，直嚷著要休學，他的媽媽與我談，我才知道東銘覺得進來的學弟妹程度都很好、能力很強，他有壓力。似乎東銘遇到強的人，自己就先自動退縮。

我想起曾經有一個老師告訴我：「攸華，你確實比別人矮，很多人或許看這是個缺陷，但如果一個人長到二百公分高，他是不是也是一個有缺陷的人？缺陷不在外表，而在於自己的心。一個兩百公分的巨人也可能內心是長成了扶不起的阿斗，一個身高矮小的人也有可能讓自己的心充滿巨大力量。」

我的心不會被困住

母親曾經說從一個做母親的角度來看，好像陳攸華這個孩子從來沒有自卑過。我也仔細想過，覺得這與家庭教育有關。

我五、六歲時就知道自己和別人不一樣，小時候念書，在學校一定會受到嘲笑，每次我也會回家告訴媽媽今天同學又罵我什麼，我很清楚記得媽媽每次聽了我的「哭訴」後，總是告訴我：「你將來會比他們更棒，他們以後會很佩服你怎麼變得這麼棒，將來他們會覺得嘲笑你是不應該的。」媽媽對我講這些話的神情，我至今都記得好清楚。而我好像就很相信媽媽說的，聽了媽媽這樣說，我就擦擦眼淚，去做自己的事了。

身高的問題不會因為我今日成了大學教授而自動消失，它會永遠跟著我，有一次，我去童鞋部買鞋，正試穿時，一位帶著孩子來買鞋的媽媽一直問我：「你為什麼長得這麼小？你幾歲了？」我沒有理會這麼不禮貌的好奇，可是這位媽媽一直不死心追著我問個不停，似乎我沒有一些回應，這位沒禮貌的媽媽是不會停止的，我決定回應她：「我為什麼要告訴你我幾歲！」這位媽媽才罷休。被追著問時，我會煩，但事情過後，我完全沒有受到影響，我的心不會被困住。

或許這種個性是上帝給我的特別恩典，但我也要勸那些對自己外表不滿意乃至於受到影響的人：上帝給每個人的祝福都不一樣——不要懷疑，每一個人身上一定都有上帝給的不同於別人的禮物，你如果認為自己沒有，那是你還沒有發現。我們活著其中一項重要的事情是：發掘自己的長處，在生活中看自己擁有的，如果我們一直只在意自己沒有的，自怨自艾就會是我們的人生！

11 每一個人都是珍珠

不要隨意否定自己，每個人身上一定有上帝給你的天賦才能。放棄它，你的人生可能沒有光彩；找到它，你會是一顆閃耀的珍珠。

他的論文停擺了

當我們評價一個人時，常常是只以看到對方的其中一面下斷語，甚至當事人也會陷在只看到自己弱的一面這樣的迷思中。在教學過程中，榮德和學英兩位學生，卻讓我看到「因材施教」發揮出的強大力量，這不但讓他二人產生自信，甚且發揮出被隱藏的才華。

資深的思銘老師請我幫忙帶三個博士生寫論文，榮德是其中一位。

寫論文的正常情況是老師給一個大綱指引，學生再根據這個指引發展出自己的論點。我就是用這個準則引導這三位博士生，那時候，我另外還有七個碩士班學生。

兩年過去了，榮德的論文一直寫不出來。時間實在拖得有點久了。

有次我與他討論可以如何進行論文，給了他一個論點，我們一直討論到半夜，確認榮德清楚瞭解後，便請他訴諸文字。沒想到四十八小時後，他什麼都沒寫出來。

榮德說他其實沒跟上我與他討論的速度：「老師，你講到第十步時，我才走到第三步……」他很挫折，我也很挫折。另外兩位與他一起跟著我學習論文的博士生，期刊論文都被接受了，榮德的論文卻還不見蹤跡。

狀態膠著了一段時間，其實榮德離博士班修業的規定期限已經很緊迫了，別說是博士論文，連要先發表在國際期刊的論文，他連一篇都還沒有！

怎麼辦呢？我想榮德心裡一定很急，他的著急讓他去找了另一位老師指導他寫論文，但進展也不順利，榮德的論文停擺了。

不要放棄任何一個學生

突然，上帝點亮我腦中一盞燈，我想起在布魯奈爾大學教書時，與資深教授Robert一起指導一位學生，那位學生出了一點狀況，進度卡住。Robert告訴我：「不要放棄任何一個學生。」（Never give up any students.）

我想著榮德目前的窘境，如果我不介入，他很難完成任何論文，將近十年的博士學習生涯豈不全部要付諸流水！我決定幫助榮德，請另一位博士生轉告他我願意繼續幫助他進行論文。

做了這個決定後的壓力似乎瞬間轉到我身上，我答應要幫助榮德，這話說出來是要負責任的。我細細思考榮德的問題癥結點，他的英文很強，一旦心裡有了東西，很快就可以訴諸英文表達。但他從巨大藍圖中抽絲剝繭、逐一細項整理的歸納能力不強，就好像一落入浩瀚之洋，他就找不到自己需要的。

我決定改變引導榮德的方式，把整個論文的全景切成一塊塊小範圍，幫助他把大綱訂得很細，再與他逐段討論每一段要寫哪些內容。

效果出來了！榮德在這種方式的引導下，對寫論文的認知急速增長，第一篇發表在國際期刊的論文是我幫助他耙梳整理，慢慢地，他就不需要我幫助整理論文骨架，可以自己逐步一點一滴完成。他總共發表了四篇國際論文，接下來對自己的畢業論文有十足把握，按著我教他的方法依序完成。

從榮德的例子，我知道沒有笨學生，只是沒找到適合個別的引導方法；更何況這些學生都已經念到碩士或博士，基本上都是肯念書的人，怎麼會「沒救」呢！我找到正確的引導方法後，他們都能更愉快、輕鬆地學習，而且學習效果相當驚人。

我有兩個選擇

學英的腦筋活絡，很容易產生論點，可惜英文不佳。我開了一門「學術英語」，很多外系老師都要他們的學生來修這門課，學英就是這樣進入這門課程。

之後，學英表達很想跟著我一起學習寫論文。經過了一段時間，我看著學英跟著我學習寫論文交出的第一篇成品：「你不是已經在國際期刊發表好幾篇論文了嗎？你的英文怎麼會……」我看不懂他寫的英文。

「那是……那是……」學英支支吾吾地說出真相，原來那些已經發表的論文是另一位老師幫他把讀不通的英文轉成可以看得懂的英文，讓他去發表。我也才知道他是靠著強大的程式撰寫能力甄選進入大學及研究所，英語成績的比重就不是那麼重要。

我可以有兩個選擇，一是告訴學英，他不適合跟著我學習論文，因為我的論文課程完全使用英文。另一個選擇當然就是「不要放棄任何一個學生」。

這句話既然已經深深烙印我心裡，想當然耳，我會選擇哪一個決定。

我不知該從何開始教導學英，思考之後，決定第一步是：「你可先看我的論文，用我的句子來套寫你的句子，這對你來說是比較省事且快速的方法。」我這樣告訴學英。

還好沒有遺失珍珠

學英真的去看了我很多論文，整理出幾十頁我論文中他可以適用的句子，依照這個方法，他重新修改了第一篇論文。雖然在英文的呈現上有了進展，但畢竟我的東西不是學英論文的內容，所以仍然有許多不相合之處。我耐心地一句一句與學英討論，遇到看不懂的，就要問清楚學英這一句想要說什麼。一般來說，學生交出論文時，老師是看這篇論文的論點是否可行，但是學英給我論文時，我得先做他的英文老師，再做他的論文老師。

處理學英的英文，比較快的方式當然是直接幫他完成句子，但這樣他學不到英文，我希望他能藉著討論，多多少少學習一些基本英文。

當我明白了他的英文，才發現學英的論點簡直是一級棒！他很準確地抓住論點精髓並且加以演繹，實在是太優秀了！我後來慶幸自己沒有因為學英的破英文而丟失一顆珍珠。

學英後來很喜歡跟著我一起寫論文，他進入台北一所研究機構服研發替代役，每週有三個晚上利用空閒時間從台北來到中壢，跟著我一起寫論文。他仍然使用「套用」的方法，慢慢地，他的英文有了一些進步，每次提出的論點都很受我誇讚，這給了他很大的鼓勵。

對學英來說，雖然沒能把英文磨利成為他的得力工具，但更珍貴的是他腦子裡那些活躍、精彩的想法才是無價的珍珠。如果我當初因為不耐修改學英的英文，豈不錯失了身為老師最珍惜的「英才」！上帝給了每一個人不同的天賦恩賜，所以每一個人都是不能忽略的珍珠。

開啟探索自我的旅程

在與學生相處過程中，我知道很多人不知道自己擅長什麼。這裡提出一些建議給大家參考：不論是學生或初入社會的年輕人，如果還不瞭解自己的天賦是什麼，第一件要做的事是：先做好本分該做的事。

在盡本分過程中，會發現自己喜愛做什麼、不喜愛做什麼，這也是發掘自己擅長項目的過程。以我自己為例，在任教之初，我先弄清楚作「大學老師」的本分、責任有哪些，例如盡力備課、與學生有好的互動……，寫學術論文也是這個職分裡重要一環；我盡力做好每一個本分；隨著時間往前走，我發現自己對「寫論文」這件事既有興趣也做得好，也得到很美好的回饋，成就感也就隨之而來。因此，我越來越可以肯定「寫論文」這件事是我擅長的，這也漸漸形成「善的循環」：好的回饋增加我的成就感，在成就感裡，我想把這件事做得更好。

每個人一定會有「先天天賦」，「後天努力」則需要各自努力，這二者相輔相成——若是沒有「後天努力」，很可能無法發覺自己隱藏在某件事物後面的天分；若是沒有「後天努力」，即使發現了自己的「先天天賦」也是枉然，只是徒然浪費了好的資質！

別認為做該做的事，是無趣、是不得不，如果可以先調整心態，在為一件事盡責任之前，先告訴自己：「我即將要開啟一段探索自我的旅程。」這樣不但可以抱著新奇探索的心完成這件事，在過程中不會覺得無趣，也可以更瞭解自己。

斜槓與滾石

在成長過程中，我們大約會知道自己喜歡什麼、不喜歡什麼，例如我的求學生涯中，數學成績一直提不起來，因此我約略知道，日後在學術這條路上，應該避開數理領域。但我知道自己邏輯分析能力不錯，因此就常常去使用這項才能，「天賦才能」是越用越優、越用越豐富的。

另一個發掘的途徑是：我們與人對談時，對某一個領域我們理解的程度與對方理解的程度是否有差異，如果我們理解的程度比對方稍微好一些、知道得多一些，或許是因為我們對這個領域的知識有興趣而下意識地比別人多花了一些時間去涉獵。再以我寫論文為例：如果專心，我可以在數個星期中完成一篇學術論文，很多人是一年寫一篇仍是痛苦萬分。在這種觀察中，我更確定自己在寫論文這件事上，可能真比別人有更多的天賦。

對在學生時期懵懵懂懂、並未察覺自己的擅長之處就進入職場的年輕人來說，可以如何在職涯中發掘自己的擅長之處？我的建議仍是先盡本分。在盡本分的過程中，自己的心是愉悅甚至想要嘗試更多一點的挑戰？還是充滿無奈與無力的痛苦？我碩士班畢業後，一方面做系統分析師，一方面在大學兼課，我就發現自己在準備課程、與學生互動時，心情愉悅；而系統分析這件事，我可以把它做好、完成每一項工作，但過程中並不那麼喜樂，有時候甚至要勉強自己才能完成工作。

現在流行「斜槓人生」，我贊同這樣的觀點與做法，趁著年輕有體力，白天認真上班，晚上則可以參加不同課程，幫助自己多接觸不同領域，一方面為自己多開一些眼界、瞭解更多不同領域的學問，另一方面也為自己觀察、尋找最合適自己的路。

是否讓自己一生都是「斜槓人生」，這得要看自己的個性，喜歡多元、新奇、變化的人，或者可以讓自己一生都走斜槓；但如果你希望自己成為某項領域的專精者，就要記得中國古語——滾石不生苔。

只要不是作奸犯科的人生，都是值得的人生，重要的是，不要讓自己走在這條路上，卻怨嘆沒能在另一條路上開花結果。

12

被改變的勇氣

改變是違逆原本的慣性，這不是舒服的事，很多人便拒絕改變。但如果改變可以讓自己變得更好，為什麼不改變呢？

願不願意改變？

人在接收到建議自己改變的意見時，常常第一個反應並不是感謝，而是會覺得自己被糾正，有不舒服感。

我自己就是一個例子：我講話速度快，以前在辦公室接電話時，急促的語氣常讓人覺得不溫和。有一次同事告訴我：「攸華，你知不知道你接電話時說話又急又快，大聲的語氣總是會讓對方嚇一跳……」

「哦……」當時感覺自己受到指責，心裡有一絲不舒服。但靜下來時仔細思考，同事告訴我這件事並沒有惡意，我決定調整自己的說話速度。意想不到的是，我放緩了說話速度後，似乎對方與我的對話也跟著緩和下來，「難道問題真的出在我身上……？」細心觀察幾次後，確定確實如此，而且調整後談事情時，對方也比較願意與我更進一步商談細節。

這給我一些提醒：面對別人的建議或指責時，我以什麼樣的心態面對？我願不願意改變？

心裡的「自己」太大了

人很難承認自己的錯誤，有時別人的建議會讓當事人覺得傷了自尊。如果有這種想法，這是心裡的「自己」太大了，大到不願意聽見別人說自己有錯，不思考別人的建議是否適合自己，很難放下自己的執著或偏見，採取比較客觀的建議或做法。「歷史」對人類一個很大的意義是：如果沒有從過去的經驗學到該學的，會導致下次再遇到相同的景況時，又出現同樣的錯誤或遺憾，這樣，人就會在這樣的漩渦中打轉，找不到前進的出口。

前輩的生活經驗對於想要前進的人是個寶藏，如果前輩願意分享或教導曾經走過的路，是求之不得的好機會。我遇過學生以不理想的方式生活、處理事情，看出他的盲點後善意提醒，學生卻回應：「老師，我都這樣生活了二、三十年，也都活過來了，現在為什麼要改變呢？」

我要問的是：如果改變可以讓自己變得更好，為什麼不改變呢？

幫助別人改變

定光是位老實木訥的學生，口語表達能力及臨場反應都不太容易隨機應變，他需要一件事一件事按部就班去做，最好中間不要有什麼突發狀況。

有一年定光和兩位同學一起參加國際性會議，因為我不能同行，所以行前要求這三位學生先預演一遍，我針對他們的狀況給予提醒或修改的建議。另外兩位學生的預演狀況都不錯，算是安全過關，但定光的口頭報告因為表達得不夠清楚，被我要求預演了三次！

定光寫的內容沒有問題，但口頭報告的架構大有問題。他第一次報告呈現的內容很片段、零碎，因為資訊雜亂、沒有組織，自然無法有條理地表達出論文重點。再加上他的表達方式是按著論文內容照唸，更容易讓與會者聽不進去。沒想到第二次口頭報告竟然沒什麼改善，我再與定光談，才知道他不懂「寫」與「說」之間的差別，忽略了口頭報告也需要注意起承轉合。

發表論文時，的確是以論文內容為主體架構，但言談間可以特別強調某些重點；另外，紙本文章可以前後反覆翻閱，但是口語一旦說過去，聲音就消失了，所以我們以口語表達時，一定要為聽者梳理出前後「聽的順序」，幫助聽者有「一脈相承」的理解。我給了他這些具體修改的意見，他第三次的預演順利過關。

脫胎換骨

會議結束，回到學校的定光，感覺上變了一個人，他臉上的光芒充分展現了他的自信。他們三人告訴我當時的狀況：

在國際會議中，每一位發表者上台時，通常會看到一大一小兩個視窗，大視窗是給大眾看的投影片螢幕，另一個是只有講員看得到顯示講稿的小視窗。但那一天，講員看講稿的小視窗故障，只有大螢幕上播放著大綱式的投影片。這是一個將近有千人參加的會議，三位學生原本就不是那麼自在，又遇到這件事，可想而知他們當時的心理壓力有多大！定光說當他知道不能看講稿時，著實倒吸了一口氣，但也只能硬著頭皮上了！

兩位第一次預演就過關的學生，順利發表論文，也順利回答了在場學者的提問。定光說沒想到自己的狀況也是出奇得好，當他上台時，即使看不到準備好的講稿，但幾乎不需多想、也不需停頓，很流利地向與會者完整敘說了一篇論文。

經過這次「洗禮」，定光的自信開始展現，也不似從前木訥寡言，此時則是說起話來條理分明。我開玩笑地對他說：「我是不是應該看一下你的身分證，確認你是不是我認識的定光？」

「在那樣的會場上，我通過了考驗，這讓我建立起自信心。」這場會議真的讓定光有很深刻的領悟，他原本不是積極主動的人，在群體裡會選擇隱藏自己，但這次國際會議卻徹底改變了他，在參加前已經因為連續數次的一再練習，把寶劍磨得光亮耀目。

還好……

在練習預演時屢遭退件，定光的沮喪溢於言表。我還記得第一次被我退件時，他懷疑我是不是在找他麻煩；到了第二次，我明白他的困難在於他根本不知道方法，我告訴他應該如何處理時，每個人都看到他眼睛裡開始閃爍著光芒，他找到了問題癥結點，恍然明白自己第一次報告之所以撞牆的原因。

許多學生不是不用功，而是不知道自己問題的癥結點。如果老師也沒看出來或無暇顧及，只讓學生自己亂撞，結果一定不理想，這樣的學生需要正確的「方法」指引。

我心裡也覺得還好讓定光參加這一次國際會議；還好我退了他三次的口頭報告；還好我堅持讓他一再練習預演；還好我先做了壞人，對他每個細節都不放水，讓他在一次又一次的練習中脫胎換骨。

很多老師不願嚴格要求學生，因為那會讓雙方的相處陷入尷尬。我個人的想法是如果老師不嚴格要求，在放水的氣氛中，雖然大家可以和平相處，但學生學不到東西，這不是我當老師的初衷。健康的師生關係應該是老師要有改變學生的勇氣，學生也要有被改變的勇氣。

脫落羈絆

但說到「改變」，很多人是不願意的，可是也有很多很棒的更新會在「不願意」中流失。我在學生及朋友中觀察：願意改變的人，通常是他認為這是「給自己機會」，如果在改變中得到一些回饋，日後遇到需要改變的狀態——不論這個改變是否出於自願——也都會有比較願意的心去面對、去改變。

改變時，很重要的一個中心點是要能放下過去的老我，一些人常會說：「我以前都是這樣……我以前這樣都可以，現在為什麼不行……改不改變有什麼差別……」其實，我們應該探究如果堅持不改變，後果是真的沒有差別？還是我們沒有看出差別？

如果放不下過去，很可能就看不清現在或未來；放下過去的老我，心裡被舊習慣、舊想法所束縛的羈絆才有機會脫落。

13 撰寫履歷的秘訣

「本位主義」的毛病，是只敘述自己想敘述的，沒有看見自己能為對方、為應徵的對象帶來什麼幫助。

美好的同事情誼

在雪菲爾德大學（University of Sheffield）取得博士學位後，我留在英國找工作。

有一段時間，我很容易取得面試機會，卻屢屢功敗垂成。我不知原因為何，是因為種族關係？或是身形關係？還是我的面試回答有缺失？如果是種族、身形因素，我無話可說，也無法改變；但如果是因為我自己的面試缺失，該如何改善？當時的我非常茫然！

系上新聘Val及Mark兩位老師。我的博士班指導老師Nigel Ford建議我去請教Val和Mark找工作的經驗、面試時該注意些什麼。

第一次請他們幫忙檢視我的履歷，兩位的回應都非常熱忱，讓我安心不少。Val給了我一個極重要的引導：她教我在履歷封面要加上一段描述自己特長的文字。我用Val教我的方法再寄履歷，得到布魯奈爾大學的面試機會。我又去請教Val和Mark面試時該注意些什麼。

Mark告訴我布魯奈爾是所好學校，我應該珍惜這個面試機會，並說：「我願意幫你排練（rehearsal），但只有我一個人不夠，你可以問問系上幾位老師，請他們一起來幫你排練。」

面試前兩天，我很感謝系上八、九位老師都排出時間，幫助我預先走一遍面試當天可能遇到的問題與狀況。

到八十歲都不會忘記的感動

我在這幾位師長面前，先做一個自己的研究簡報、回答他們提出的各種問題，他們一面聽、一面建議我該如何回答。練習過程中，他們給了我臨場經驗、建議我可以從什麼角度回答對方的問題、幫助我用從容且有信心的態度應對。到布魯奈爾面試當天，我很強烈感覺到自己做得還不錯，在回家的路上，我覺得應該可以拿到這份教職；果然，第二天，我就接到布魯奈爾系主任的email，明確告訴我布魯奈爾歡迎我成為該校的一員。

雪菲爾德博士班陪著我一起練習面試的老師們，給了我很大的感動，他們除了給我溫暖，也教會我「為下一代付出」。這些都不是在書本上學得到的，我想這就是「傳承」吧，是上一輩把他們的經驗傳承下來。我想自己到八十歲都不會忘記當時那個場景、那種感動。

到布魯奈爾大學教書後，回雪菲爾德為這些老師做什麼的機會不多，因此，我決定日後一定也要用這樣的「愛」幫助需要的人，把雪菲爾德曾經扶持我的老師的愛傳承下去，讓他們的愛永不凋萎。

搶救清木的履歷

到中央大學教書，清木跟著我學習寫論文，我也常帶著他參與一些學術活動。有一天接到好友芙蓉的電話：「Sherry，你覺得清木這個人如何？」「還不錯啊，很認真……」我有點丈二金剛摸不著頭腦，芙蓉為什麼突然來電。

「我也是這樣認為……因為你是個很嚴謹、有原則的人，你帶的學生絕不會差到哪裡！清木參加我們研究所這一次教師選拔，我是評選委員之一，大家先初選四位候選人，沒有選到清木，因為清木交給我們的履歷亂七八糟，完全看不出重點。可是，我愈想愈不對勁，你帶的學生怎麼會是這種程度……」芙蓉的口吻充滿疑惑。

「你們想要找什麼樣的人呢？」我想先確認是不是清木不適合這份工作。

芙蓉敘述他們需要的人才，「這不正是清木的專長嗎？」我有點訝異。

「所以啊，我知道他跟著你學習，我絕對相信你帶出來的學生的程度，但看他的履歷實在是很不及格。我想先問你清木的情況，如果是好的，我不想放棄你帶出來的好學生……」我心裡很感激芙蓉這樣信任我。

「……你認為你們初選那四位具備的專長，是否完全符合你們的要求？」我需要先釐清一些狀況。

「只在邊緣，並沒有完全符合。」

「或許你可與其他評選委員討論，初選這四位只是勉強符合要求，清木的履歷雖然寫得亂七八糟，但再仔細看過，他的專長或許符合你們的需要，要不要面試時，增加清木進來，大家可以問得再仔細些。增加一位受試者，只是再耗費各位一個小時的時間，但這是可以試試的……」

一份符合對方需要的履歷

第二天，我也請清木給我看他的履歷——唉，真的寫得沒有章法，他的表達方式把自己的專長都掩蓋掉了！

我簡略告訴清木我與芙蓉的談話，「如果他們願意再給你一次機會，我願意幫你重整履歷內容。」與清木晚餐後，芙蓉給了我Line：「與評選委員們討論後，大家都同意把清木加進來。」我看到清木感謝的眼神，「我不能保證你是否會被錄取，但是我們可以好好準備。」我為他加油打氣。

清木已經投了一年的履歷，只獲得一次面試機會，但面試後也不了了之。一年來，找工作沒有任何結果，清木已經開始懷疑自己的能力，但我知道清木在他的專業領域的確是有能力的。

我與清木一同檢查他的履歷內容，發現他太著重於技術細節的描述，在他曾經完成的事情中，看不見對教育的功用何在；這犯了「本位主義」的毛病，只敘述自己想敘述的，沒有看過對方的需求，也不知道這位新進老師能夠為學生、為學校帶來什麼幫助。而且清木的履歷呈現內容沒有分門別類，洋洋灑灑寫了二十多個段落，審閱者看不見這份履歷的主軸是什麼；在這種文件中，需要做的是「歸納」而不是「演繹」。這份履歷第三個問題是色彩太多，清木在履歷中用盡各種顏色做標示，反而讓人眼花撩亂，完全抓不到重點。

我指出這三個問題，清木立刻接受。距離清木要去面試的時間還有一個月，我們開始「修整」工作，我一步步教清木，每完成一個步驟，一定會問他的體會與學習是什麼（我帶學生做計畫時，也是如此），我不希望對方只是照表抄課，而是能真正學會這之間的差別，將來遇到類似事情便能舉一反三。

經過這件事，清木才明白自己不是沒有專業能力，問題出在撰寫的履歷！

我也在這件事情中學到：對學生嚴格，雖然他們當時覺得痛苦，但最終受惠者還是學生自己，否則芙蓉不會認為清木應該是有實力的。

我簡略把這件事告訴研究室其他學生，清木也對大家說：「老師對我們要求嚴格，但她也會陪著我們一起學習；在學習的過程中，或許我們會覺得痛苦，一旦收割成果時，我們就會知道所經歷的痛苦絕對都是值得的。」

學習讓自己成為不可或缺的人

天下凡事皆學問，連寫一份履歷都需要學習；在寫履歷這件事中，重點不在顯示自己有多厲害，而是站在對方的立場思考公司需要一位什麼樣的人進入公司。在對方的需要上顯示自己具備的能力，這是為對方想，也會是雙贏的局面。

至於「學習」這件事，從來就不是輕鬆的，我們先得要有準備好認真以對的決心；開始進行時，要能耐得住枯燥、繁瑣，一遍一遍練習，英文諺語說「熟能生巧」（practice makes perfect），唯有一再地練習，才能臻於精通，這項能力才能深扎於自己腦中，成為一項別人奪不走的財富。

14

回歸事情的本質

遇到兩難的狀況時，幫助自己做決定的最佳方法是：回到這件事的「本質」來衡量。回到事件「本質」時，做決定的思慮就會變得純然、不帶雜質。

給一條魚？還是給一根釣竿？

好多年前，一個基金會請我擔任獎學金審查委員，我看到工作人員列出「符合申請資格」申請人的成績時，心裡大吃一驚：「啊，這樣的成績也可拿到獎學金嗎？」這幾乎是「捐款」了。

會議中，我提出異議，另外三位評審解釋因為申請人都是先天性的弱勢，不能用一般水準要求這些學生；一位工作人員也提出這些名單中的學生大概已經知道自己可以拿獎學金，他們已經有使用這筆錢的計畫了，如果取消，恐怕傷了這些學生的心。

我努力想把這個事情的本質解釋清楚：這件事的本質不是「撥款協助」，乃是「頒發獎學金」，獎學金是鼓勵學生即便在生活或身體不理想時，仍然認真努力。如果這樣的成績就可以拿獎學金，是不是也就是告訴孩子：「在這裡，只要表明需要錢，卻不需要努力，就可以拿到錢？」

獎學金的本質是要培養學生「付出才有收穫」的認知。如果在這種情況下就頒發獎學金，這些孩子出社會後自立自強的能力不是更薄弱了嗎？難道他們能一輩子靠「憐憫施捨」過日子嗎？

也或許這樣的裁決者是基於「仁慈」做這樣的決定，覺得這樣的決定是「幫助」弱勢者；我則認為給人一條魚不如給他一根釣竿，教他學會如何釣魚。其實，這是大家都知道的淺顯道理，但真的要如此做時，會有困難度，因為給釣竿的方法得不到立即的感謝，而且給釣竿的方法須要為對方付上陪伴、教導的時間。在給獎學金這件事上，評審者無法陪伴學生的學習之路，但基本的是可以為學生建立「一分耕耘一分收獲」的觀念。

弱勢者需要的是堅強、經得起考驗的心態、優秀的本領，讓他們瞭解唯有讓自己優秀，才能走得長遠，只靠一次的「施捨憐憫」拿到一次的優惠，以後呢？誰能保證將來每一次都可以靠著「施捨憐憫」度過每一個考驗！

捏把冷汗

回到「本質」的另一種狀況是有時得捨棄「面面俱到」的企圖。

我和另一位老師共同指導碩士生勇思，已經開始準備進入口試階段。越接近口試時間，積極的勇思顯得越毛躁，論文裡不停出現小狀況，我覺得情況有點不尋常，他怎麼這麼心不在焉，我有點生氣。我向上帝禱告，讓我有耐心帶著他完成論文進入口試。不久，我心裡浮現一個意念：「再去檢查勇思論文裡的參考文獻。」這個想法似乎與勇思發生的現實狀況有點不相干，通常論文的重點不會是在「參考文獻」，可是，我心裡竟浮現這個想法，我半信半疑地檢查著勇思的參考文獻……

沒想到，我一面對照檢查，心裡一面涼了半截，勇思犯的錯誤不是內文與附注前後對照錯誤的問題，而是張冠李戴、引用失據。整本論文中這種錯誤幾乎佔四分之三，難怪他的論文總是出現一個個小錯誤！這種幾乎是無中生有的錯誤非同小可，是絕對無法進入口試的。

勇思的說法是他完全不知自己引用錯誤。事已至此，首要重點就是他要重新一一檢查整本論文。我和另一位老師也一起幫忙逐篇檢查他的參考文獻。在檢查過程中，更確認勇思對每篇參考文獻只是囫圇吞棗，並沒有全盤瞭解，因此發生引用離譜的情況。

一開始還不知狀況這麼嚴重時，另一位老師擔心勇思的情緒會大受影響，想讓他口試後再修改論文錯誤，可是我認為重點應該是先讓論文是正確的，正確的內容才是一篇論文該具備的本質。隨著檢查情況的發展，另一位老師也發現問題的嚴重性，「還好，我們的重點弄對了，先讓勇思修改錯誤，再進入口試，否則，這個大問題將會成為我們的未爆彈，一旦事發，我們兩人的學術聲望都會破產。」我對另一位老師說。

如果我們讓勇思的論文先過關、先口試，只要有一位口試老師或任何人發現這些錯誤，我和另一位老師的學術名聲將會一敗塗地，隨著檢查結果出爐，我相信另一位老師必定也為之前讓勇思先口試的建議捏把冷汗。

從另一個角度來看，這件事的本質是「論文」，而不是「情緒」，當另一位老師提及擔心學生情緒低落時，我的第一個反應是「魚與熊掌不可兼得」，我們應該回到問題的本質去看、去釐清事件的狀況，才能做正確的選擇與決定。

後來我們讓重點回到論文上：有錯誤就一定要修改，雖然耗時間，但不至於產生後續可能引發的一連串危機。還有另一種可能，是想要每一方面都處理得圓滿的潛意識是不想得罪人、擔心別人對自己的評語不好，擔心別人的指責、不滿，不想留下任何的不圓滿。

實際上，當眼前的情況不能讓我們面面兼顧時，假若我們仍然想把每一件事的各方面都處理得圓滿，幾乎是不可能的，刀刃相對的另一面是刀背，取了刀刃就不可能期待另一端也是刀刃。此時就需要找出事情的本質或是衡量出孰輕孰重，出錯的機會便減少，這可以幫助我們面對選擇時，該如何拿捏做決定的重點，而不會讓「面面顧到」成為自己的絆腳石。

15

不要讓「快速」變成致命傷

做重要決定時，「快速決定」有時候反而是致命傷。「等候」是難捱的，但或許它才能讓急躁的心冷靜下來，釐清許多重要問題。

捨近求遠的心態

學生阿正曾經說：「老師，我覺得你看事情都看得比較遠，不會受限於眼前狀態……」有過一些社會經歷的人，大概都會知道人生的得與失，絕對不是眼前這一刻就可以決定的；我也想起自己念博士班時，一位同學尚未畢業就找到不錯的研究助理工作，他立即暫停博士班課程，接受這個有期限的「理想工作」；我則是博士班即將畢業，工作卻一直沒著落。那時，我很羨慕他。

沒想到，他研究助理工作的任期到期，這個工作就停止了，他回博士班繼續課業，卻發生銜接不上的困境，最終沒有完成博士班學業；他的新工作是留在學校做「招生」工作，徒然浪費了之前在博士班學習的專業。

從這件事情可以知道，任何事情都有它的時程，時間過了，要回頭常常不是很辛苦，就是已經不可能。

因此做選擇時，一定要先找到內心的主軸，才不會心無定見、被環境帶著跑；也就是說為了完成當初的理想，有時候我們必須捨近求遠、安靜等候。另一方面，父母一定要幫助孩子守住他現階段該努力以赴的事；在學時是孩子們一生中記憶力的黃金時期，讓他們趁著黃金期記下該學習的內容，不但事半功倍，也扎實奠定日後進入社會的基礎。

而且，念書也幫助他們培養眼光，將來在社會上工作時，一個有眼光的人當然比較受到敬重，也比較有發展。可惜的是，現在許多父母任由在學孩子去打工；這個階段的孩子能打的工不過是些體力活，耗時又耗體力，怎麼能專心念書！為了賺眼前的蠅頭小利，犧牲了把自己培養成更具競爭優勢的人，這是人生中極大的損失。

因為不能等了，鑄下大錯

漢彬是位僑生，博士學位念了好久。他跟著我寫期刊論文時，態度就是三天打魚兩天曬網，並不積極，後來完成一篇我認為品質未達標準的論文，漢彬想要送出去給國際期刊，但我沒有答應。後來，漢彬去找另一位學長，他們兩人寫了一篇新論文寄給期刊。

漢彬很高興地告訴我：「老師，我的論文被接受了。」

「恭喜你，可以給我看你這篇論文嗎？」我猜想漢彬是想告訴我：「雖然你認為我的論文未達水準，但還是有國際期刊認可我的論文。」不過，漢彬的論文能被接受，總是件讓人高興的事。

越看漢彬的論文，心裡起伏越大，這整篇內容竟然有百分之六十出自漢彬跟著我寫的那篇沒過關的論文，並且刊登的這篇論文中並沒有我的名字，我絕不是要出名，而是這大大違反學術倫理。

我告訴漢彬我可能會採取法律行動，漢彬哭了出來：「老師，請不要訴諸法律，我只是因為時間拖得太久一直不能畢業，眼看博士班的修業年限就要到了……」

我每天都看寇紹恩牧師錄製的「恩典365」影片。那天，寇牧師談的主題是「饒恕」。聽完這篇信息，我對漢彬這件事的態度有了一百八十度大轉變，我決定不對他提出法律行動。

沒想到漢彬原本的老師卻接受這篇違反學術倫理的論文，讓漢彬可以開始進行博士論文。就在這個時間，漢彬的父親在家鄉出車禍，漢彬趕回家鄉，為已無法爬樓梯的父親買了一棟新屋。買屋後不多久，父親離開人世，所有購屋費用都落在漢彬這個獨子身上。漢彬無法繼續完成學業！直到三年後，漢彬才得以從沉重的貸款中暫時脫身，勉強完成博士學位。

我知道當初漢彬想快快拿到學位，但他用了不合法的方法，老天爺攔住了他的腳步；我聽了寇牧師的「饒恕」信息，決定要順服上帝的教導接受這個狀況；漢彬原來的老師決定要接受漢彬違反學術倫理的論文，我無可奈何，後來，我覺得是這個讓我無可奈何的不公義，讓上帝出手攔阻了。

「等候」的價值

菊生與洋莉七月畢業，各自找到一份不甚理想的工作，擔心如果不把握住，以後萬一找不到工作，景況就更堪慮，因此急著想去上班。但我認為他們是具備一些實力的，應該可以找到更好的工作，「這種憂慮的前提是你們的能力會隨著時間下降，越晚就越難找工作，你們會讓自己這樣嗎？」我為他們分析，也願意幫助他們暫度難關：「我有一些研究計畫經費，可以先聘你們做助理，你們可以一邊在我這裡上班，一邊尋找更好的工作。」

菊生和洋莉接受了我的建議，在尋找新工作時，也能有一些收入支持他們的生活。果然，兩個月後，他們分別找到上市公司的職缺，新工作遠遠勝於他們七月時找到的工作。

在菊生與洋莉的事情上，我更確定：我們要練習想清楚自己的目標，不要因為眼前一點點小利，就改變原來想要走的方向。先為自己打下好根基、想清楚自己的方向後，「等待」有時候是最難學卻極重要的功課。當然，這種「等待」的前提是先培養好本事，機會來時就能立刻承接；怕的是，沒有本事在身，一千個機會來臨也於事無補！

對漢彬而言，眼看著博士修業期限已到，他的急躁讓他忽略了自己實力不夠，急著做出錯誤的事情。如果漢彬不加強實力，他的等待會是沒有意義的。

做重要決定時，「快速決定」有時候反而是致命傷，例如漢彬。「等候」是難捱的，但或許它才能讓急躁的心冷靜下來，釐清許多重要問題。當然，也不是要無限期等候，解決經濟困境或許是當急之務，但一定不要受周遭環境影響，匆促做決定。

16

有目標，還要有行動

設定目標是走向理想的第一個步驟。接著是接受資深者的建議修正自己的不足。有了目標卻沒有執行力，理想便成鏡花水月。

從零開始

人生是一個不停學習的過程，各個階段有不同的學習內容，我們應該很清楚自己在某個階段需要的是什麼，這也是所謂的「目標設定」，然後全力以赴。從另一個角度說，在我們目標清楚時，教導我們的人才能更清楚要教給我們什麼，這可以形成良性循環，讓教的人、學的人，都進入全力以赴的狀態。

我從讀博士班到在英國布魯奈爾大學教書的階段，研究主題都在「個別差異性對人機互動的影響」，使用的工具幾乎都是傳統的統計分析。

在布魯奈爾大學，與研究非常技術性的「資料探勘」（Data Mining）的劉曉輝教授漸漸熟稔後，他鼓勵我用「資料探勘」取代傳統統計做分析的方法，一來，這是比較新的方法；二來，「資料探勘」這個方法可以讓我的研究有比較大的突破。但我完全沒有這個領域的學習背景，更遑論知道該如何使用，如果要改用「資料探勘」方法，我得完全從零開始學習。

衡量之下，我覺得曉輝教授的建議對我幫助很大，決定開始學習這個對我來說是全新而陌生的新知識。

有了目標，接下來的重頭戲就是如何執行。我先從尋找這個主題的論文開始，這猶如大海撈針，我慢慢一篇一篇找、一篇一篇看，也常去請教曉輝教授。看了一些後，就懂得該如何過濾理論表淺的文章，將找到的論文互相比對，得出一些重點，然後，再進一步尋找自己看得懂卻更深一層的理論。

就這樣，我深入閱讀了一百篇關於「資料探勘」的文章。我還記得當時希臘籍同事進我辦公室，看到堆積如山的資料、論文時，大聲驚呼：「Sherry，你在做什麼啊！」

認真讀完這一百篇後，便概略瞭解這門學問的梗概；讀完這一百篇後，心裡明白自己即將會有一次學術研究上的突破。

我清楚記得一開始讀這些陌生主題論文時的痛苦，完全不懂、沒有任何概念，「不知所云」的感覺常衝擊著我，若是心裡沒有強烈想要學會這個方法的動機——我想讓自己的研究有更上一層樓的突破——大概很難持續下去，是這個目標支撐著我。

益處藏在痛苦身後

學會如何使用「資料探勘」後，就在那段時間，一本國際期刊邀請我寫一篇屬於review paper性質的論文——為某一個領域中各家發表的結論做綜合性整理與討論。仔細思考後，我決定用「資料探勘」的方法把別人的研究——也就是我為了學會「資料探勘」而讀的一百篇文章——做一個綜合討論。

這是我第一次使用「資料探勘」方法，也記得自己當時為了在時限內完成這篇邀稿論文，壓力大到口腔裡同時出現好幾個潰瘍口瘡，但最終還是順利完成。之後，我對「資料探勘」的理論基礎更清楚也更扎實了，也更知道該如何用它做實驗，後來我就用「資料探勘」做分析人機互動實驗的資料。

我把這篇分析人機互動實驗的資料結果，發表在此領域一本極為頂尖的期刊。通常，論文如果被這本期刊接受，就是非常大的成就，沒想到，這篇論文不但被接受，更受到期刊主編非常大的讚賞，他說我這篇論文甚至可以成為研究人機互動的一個新的模型。

學會「資料探勘」方法後，我也可以在它和傳統統計方法二者間自如運用。這個時候，我深刻體會幾乎所有的益處都是在堅持度過痛苦期後才能享受得到，而這份堅持來自於自己內心的驅動力，知道自己的目標是什麼。

目標成了虛幻

育德來我實驗室擔任助理時，已經在美國拿到碩士學位。我們言明三個月試用期，如果這三個月育德沒有完成任何計畫，可能就不續聘。

來上班後，育德常在言談間顯露想要再念博士學位，但似乎也只是談著這個想法，沒有什麼具體行動。

開始上班時，育德自己想不出要做什麼計畫，他接受我提出的建議，開始執行後卻錯誤連連。我一再與他討論、修改，最後一次討論時，我清楚告訴育德要完成的內容、時間，結果仍是錯誤百出，能不能續聘育德，我心裡已經有底了。

育德在言談間屢屢表示想要繼續念同領域的博士班，也知道試用期是三個月，這三個月的表現攸關他是否能繼續待在實驗室；他心中已經有了對未來的藍圖，而且已經進入可以完成藍圖的環境，只需要身體力行，努力認真、按部就班一件件完成手上的事情，就可以逐步達成目標，但為什麼他卻讓自己放掉了這個機會？

很多人都有想要達成某個目標的欲望，但只是想法，沒有行動。達到理想需要付出行動的代價、接受挫折與寂寞的代價，這是個關卡，如同前面所言，如果不付諸實行，這個理想、這個藍圖、這個目標，終究就只能是泡沫幻影！

「過程」與「結果」沒有對與錯

立下目標的目的是要達到想要的成果，如果不是為了這個結果，訂立目標就沒有意義。或許有人說我對事情的態度是「結果論」，不重視「過程」，我很瞭解自己：我絕不為了「結果」不擇手段；我也不會讓自己長時間、甚至無限期停留在「過程」裡。「過程」是幫助我們達到「結果」的重要經歷，但「過程」不是終點。

或許，依著每個人的個性，有人享受「過程」，有人注重「結果」，只是我們要接受自己選擇的結果；如果選擇了「過程」，當沒有期待的「結果」時，就不要那麼過不去；如果選擇「結果」，可能就不能天天享受路邊的花草風景。選擇哪一項，沒有對錯，重點是魚與熊掌絕對無法兼得，認清自己的個性，然後無怨無悔地走入為自己設定的人生。

17

「接納」的力量

「接納」與「愛」帶來的正面力量何其強大，能夠百分之百翻轉一個人的生命。

他要的是「完美」

才彰初進實驗室時，我只覺得他是個乖孩子。

剛開學，我先辦一個程式比賽，才彰表現亮眼，拿到冠軍，他看起來一切都好，逐漸開始研究生的學習生活。

之後，課程要做一個小計畫，讓使用者測試每一組開發的系統，在測試才彰這組負責開發的系統時，發現參與測試的某一位受測者不按章法使用某一個功能，才彰問我：「這個實驗要做很多次，既然如此，這個功能還需要存在嗎？」我回答：「不要拿掉，我們需要藉此查看有多少人是按章法進行；有多少人是不按章法進行，這樣我們才能分析。」過沒多久，與才彰同一組負責開發系統的學生告訴我，才彰擅自取消了這個功能。

我已經告訴他們不要取消這個功能的原因，為什麼才彰還要取消它？才彰給我的答覆是：「我不喜歡受測者這樣使用這個系統！」他認為這顯示了他的系統設計不夠完美。對他來說，我們的計畫不是重點，從他那裡出來的系統需要是完美的，才是才彰在意的重點。

他要讓人看到「偉大的細節」

與才彰同組的同伴是一個寫程式不強的人，才彰不會耐心陪伴、教導同伴，在研究的路上，他常丟下同伴自己一路向前，與他同組的學生常向我抱怨與才彰同組有多麼辛苦。

他們要進入寫論文的時間了。我卻發現才彰好像一直進入不了狀況，他的論文需要說明這個系統設計對數位學習的貢獻是什麼、有哪些新的創新。但他寫的內容卻是他的程式是怎麼設計出來的。

「才彰，你為什麼會這樣寫？」我已經給了一些樣本，而且還有以前的碩士論文可以參考，我不明白。

「我覺得我程式設計得很辛苦，所以我要把這些寫出來。」

他認為「程式」是世界上最偉大的東西，因此詳細敘述每一個列式是怎麼出來的，他要讓看論文的人看到這些「偉大的細節」，「數位學習」則不是他關心的部分。

照才彰這種寫法，他的論文不可能被接受，這撞牆實在是撞得太厲害了……

對他有了同理心

有一次，我實驗室舉辦大型研討會，實驗室全部人員出動，在每一個人都忙得不可開交時，才彰竟然為了一件不急著處理的事惹怒美工助理，氣得美工助理大發飆。那天是辦大活動，而且我是召集人，我們都戰戰兢兢想讓這個活動圓滿閉幕。身為我的學生，才彰不可能不知道事情的嚴重性！

我氣得大聲把才彰叫到一間空教室：「大家現在忙成這樣，你為什麼……你給我滾蛋……！」我非常擔心這位優秀的美工助理會因此向我提辭呈。這位美工助理能力好又任勞任怨，她的好脾氣是大家都知道的，才彰竟然可以把她氣得咆哮大吼！

大家都完全不能理解才彰為什麼要在這個重要關頭，硬要去處理那件和研討會沒有關聯的事。

當天研討會順利結束，我仍在盛怒中，好友蓉心與才彰深談後，告訴我她發現這個孩子有亞斯伯格症的傾向，他心裡自有一套自己的邏輯與想法，他用自以為行得通的方式，以為可以交到朋友，結果卻是雞蛋碰石頭，造成別人的反感。

夜深人靜時，我細細思考著蓉心分析的結果，我開始對才彰有了同理心；我開始覺得，我好像需要用更大的耐心去拉拔這個孩子，我漸漸瞭解才彰的認知與我們的認知是兩個世界的東西。

再試試看！

第二天一早，我打開手機，看到大量的訊息都是才彰父親發的。似乎父子倆前一晚已經談妥：才彰要辦休學。才彰自己也送了一個訊息告訴我他要休學。

我前一晚才對他建立起一些同理心，比較能瞭解他對很多事為什麼會有與一般人不同的反應，可是今天一早就看到他要休學了。

我心裡冒出一個念頭：「他如果休學，一定是馬上去當大頭兵——」在軍中受虐致死的例子立刻出現，才彰對事情的反應與一般人不同，他如果此時進軍營，一定會很慘！另外，我也不覺得自己無法幫助這個孩子。我決定：再試試看！

眼睛立刻散發光芒

上帝此時似乎也同時教導我如何與才彰相處，我心頭冒出一個想法：要反其道而行，不要責備，要讓他感覺到自己被關心、被愛，讓他感覺到自己的價值。我約才彰到辦公室談。

我給他一張紙：「你來我實驗室快兩年，我們一同寫下你在專業裡學到的東西；在非專業裡你的改進有哪些。」

我寫了八項，他寫了四項，我指著寫出來的優點：「你看，在這兩年你改進了這麼多地方，你現在也逐漸比較知道論文要怎麼進行，如果你現在休學，這十二項就全部一筆勾銷，如果你服完兵役再回來，現在做的這些東西，你還會記得嗎？你要想想，是不是要重頭開始？」我不斷提出問題，要刺激他把整個事情想一遍。「也許你覺得我對你很嚴厲，可是你有沒有想到嚴厲的另一面是我很在乎你？」

當我說「我很在乎你」的時候，他的眼睛立刻散發出一種光芒，只要不是瞎子，一定一眼就能看出。我心裡立刻響起：「啊，我好像抓對一點東西了。」我接著舉很多例子說我媽媽對我很嚴厲，但我知道她是愛我的；以前我在英國讀書時，有一個很好的人生導師對我很嚴厲，但我知道他是最在乎我的……

「如果你看表面，我對你是很嚴厲，但如果它的背後是關愛與期待……」他的臉明顯起了極大的化學反應，他說：「老師，我想繼續留下來，我想趕快把論文按時寫完。」將近兩個小時的談話，可以說畫上完美句點。

從此刻開始，才彰的論文與以前比較起來，進行得順利許多。在才彰身上，我十足看見「接納」與「愛」帶來的正面力量何其強大，竟能百分之百翻轉一個人；不論面對任何人，「愛」與「接納」永遠是屹立不搖的王道，我們在「愛」中看見自己能夠給與的能力，在「接納」中看見新生命的發長。「愛」與「接納」是建立一個人最堅實的基礎，每一個人都知道這個道理，但是我們會不會常常忘記或忽略了這個真理能帶來的力量呢？

18

漂亮地打好爛牌

老天爺給我們困境，是要讓我們的生命更堅韌、更有厚度。當我們走過困境後，也會得到旁人的尊重。

父母培養文字能力

沒有任何一個人來到世界是沒有意義的，即使如我一般，身體有這麼大的不完整，也是一樣！

但是，人存在的意義需要自己建立，例如，我清楚知道老天爺給我健康的思考能力，我父母為我建立自我價值的基礎，我當然不該因身形放棄自己。

因為身材矮小，父母對我的擔心常溢於言表，從小就告訴哥哥和姊姊：「將來要照顧你妹妹。」也對弟弟妹妹說：「將來要照顧你姊姊。」父母對我的期待不高，最好的狀態是能養活自己就很理想，因此他們對我的教導與安排是希望我能往比較不須勞力的文學方面發展；也因此，他們特別注重我的中英文教導，我還記得爸爸送我的第一本書是《作文範例》，除了學校功課要寫作文，爸爸也要我平時練習、幫我批改。

在這樣的培養中，我自己也寫出了興趣，國中時，投稿當時《大華晚報》副刊，用筆名「爾冰」寫成年人閱讀的文章。高中進入校刊社做編輯，大學時也進入校刊社從編輯做到總編輯。大三時，《大華晚報》的讀書人的專刊總編輯邀請我每週寫一篇「書僮話書屋」介紹圖書館，大概持續了半年，這個專欄受到許多圖書館界老師的注意。

尊重是要不到的

碩士班選擇進入美國馬里蘭念「圖書館與資訊服務」碩士班。當時有一科 老師要求我們每兩個禮拜就要交一篇報告，我所有的報告成績有四分之三都是A，完成的速度也比同學快很多，小時候在文字上接受的訓練，此時似乎都顯出效果。後來我受聘回台灣教書，也幫助所裡老師整理、修改同事們的英文論文，使他們的論文能很快、很順利地刊登在世界級期刊。

我是幸運的，父母幫助我找到我的特長，這個特長不僅讓我可以幫助別人，也讓我受到尊重。但是，我也知道很多如我的小小人兒，生命並沒有得到應有的尊重，從一開始在家庭裡，父母就先放棄了他們。我每每想到這些被放棄的小小人兒，心裡就難受，他們出生時已經先天不良，再加上父母家人的放棄，這是雙重打擊，這樣的生命要長得好，實在是充滿了千辛萬苦。

可是，我一定要用力呼籲，如果你的家庭功能不彰、如果你的身體先天便受到許多限制，但你有清楚的頭腦，就千萬別放棄，不要放棄自己，即使前路充滿荊棘坎坷，也絕不要放棄自己，要在有限的環境裡，為自己披荊斬棘，開拓出一條屬於自己的路。

先不要忙著怨天尤人、埋怨老天爺不公平，把心思放在讓自己身心靈長大的努力裡，在這一路的過程中，會發現原來老天爺給我們這樣的困境，是要讓我們的生命更堅韌、更有厚度。當我們走過困境時，也會得到旁人的尊重。生命很大的一個需求是需要「尊重」，偏偏「尊重」是要不來的，如果我們活得如同一灘軟爛的爛泥，卻要求別人敬重我們，這只會為自己帶來更大的痛苦。

絕不放棄自己

我常受邀分享自己的生命故事，有幾次的經歷讓我印象深刻。

有一次分享結束後，一位與會者朋友說：「陳教授，你讓我很感動，你讓我有了活下去的動力。」她是一位大約五十多歲的癌症病患。聽到她這麼說，也讓我自己大受激勵。

另一次我去一個機構分享自己的生命故事，一位罹患憂鬱症的工作人員在工作上出現許多狀況，人事室特別請他參加我的演講。結束後，這位員工來找我：「陳教授，聽完你的演講，我覺得其實我不需要這麼憂鬱……」我並不知道他原本為了什麼憂鬱……。

我從來不知道自己的生命竟然可以給這麼多人生活的力量，我真真體會「上帝的意念高過我的意念」，上帝讓我生得如此，不是要讓我自怨自艾、放棄人生，上帝不會這麼無聊製造一個成為笑柄的生命。我還記得念國中時，剛從壞班轉到好班時，有跟不上的感覺，但我持續努力，從此成績是十名、十名地往前進。

不論情況如何惡劣，自己絕不可先放棄自己，如果自己放棄了自己，我們所有的一切也就一同被埋葬了！中國人說「天助自助者」，當我們奮力往前時，支援、貴人便會沿路出現。

打出一手好牌

梓南是極老實木訥的孩子，技術能力並不太強。初開始時，我與他談論文題目，也看到他的回應，經過幾次來回測試，我和梓南都知道了梓南的論文題目方向應落在何處。

我給他一個操作型論文題目：做可用性評估。梓南接受，開始認真做論文。我本來預期梓南在這個題目裡可以安全過關，但這個題目沒有很強的挑戰性，所以，他用自己的論文找工作時，機會或許有限。沒想到梓南畢業時找到上市科技公司工程師的工作。我既高興也非常驚訝，當然就別說梓南更是高興。

後來知道，這個科技公司當時要找的人，就是要做可用性評估，梓南憑著自己的學習成果順利進入這個評價不錯的公司。

在梓南這件事中，我看到在學習的領域裡，沒有不好的題目，或許有些資質很好的學生會對這種類型的題目嗤之以鼻，但誰能預測市場的需要呢！梓南接受自己的資質，但並不輕看自己，他在學校期間用心做這個題目，梓南可以說是把原本手上一張不理想的牌（資質），努力打出一手漂亮的好牌。

行行出狀元，沒有脫離不了的「現實環境」，「努力」與「堅持」絕對是讓自己脫困的重要元素。人生的成功不在於是否拿到一手好牌，而是怎樣能把一手爛牌（惡劣的環境）打好；能漂亮地打好爛牌，這才是真正的勝利。

19 放與不放之間

因為「愛」而放手，會帶來祝福；因為「無奈」而放手，會引起委屈，導致苦毒。

不和他吵

同學娥如家裡開雜貨店，大概才小學四、五年級時，她就要幫家裡送貨，但我好像沒聽娥如埋怨過，她圓圓臉蛋總是笑臉迎人。小學畢業後，我們失去聯絡，娥如後來在報章雜誌上看到我，我們才聯絡上。

與娥如重聚，真是愉快，我們聊著分別後各自的景況，娥如後來進入保險公司工作，她的先生當時已是同一家公司的第二把交椅。然而，她先生週末喜歡以麻將交友敘交情，而且常是打通宵。

「你接受這種狀況嗎？」

「我不喜歡這樣，但我也沒和他吵……」看得出娥如臉上的無奈。

因為與先生在同一家公司，常常公司頒發的獎勵，娥如都得避嫌退讓，也可以說公司有任何好事都輪不到她。

自從與娥如重逢後，我們一直保持著聯繫，最近聽娥如說不多久前，先生竟然不再打麻將，非常關心家中的每一個人，此時的娥如真的是被幸福的粉紅色泡泡包圍著，享受著夫愛子孝。

先生的眼睛醒過來了

我問娥如為什麼先生不再打麻將，對家人的態度也有轉變？「我先生說在公司這麼多年，每一次看著公司頒發獎勵時，我都默默退讓，沒有怨言。每個週末帶朋友回家打通宵麻將，我也都不大吵大鬧，自己獨自照顧孩子，這些年累積下來，他覺得我受太多委屈，他說他願意改變。」

娥如說她也曾經與先生溝通，但效果不彰，可是，她選擇不要大吵大鬧來面對。我猜想娥如並不是無奈地接受先生這些作為，她仍然盡她作妻子、作母親的本分，也為孩子建立好榜樣。在這樣的努力下，先生終於看到她的隱忍與努力；好在，先生也是會反省思考的人，他們夫妻現在一起成就了一個美好的家庭。

放手，是為了什麼？

我另一位同學華玲家境非常好，從小沒吃過什麼苦。婚後，華玲在娘家爸爸的公司上班，先生在別處工作，常需要應酬。華玲不喜歡先生應酬，也常與先生起爭執，岳父岳母也加入女兒陣線，對女婿的應酬不以為然。不多久，我就聽到華玲離婚的消息。

顯然，華玲與先生的溝通方式出了問題，他們都不願放下自己的立場進入對方心裡，華玲的父母也跟著女兒的情緒起哄，這讓問題更趨複雜。如果他們可以都站在對方立場思考，或許情況便有轉圜餘地。

有時候，「放手接受」並不是單單如字面上的意思，如果是因著「愛」，願意「放手」，放下自己的堅持，彼此間一定就會減少劍拔弩張的激烈。如果是因著「無奈」，而選擇「放手接受」，委屈會在心裡不停孳生，甚或變成苦毒。

失去時，我們心裡想到什麼？

正志在台灣讀書，女友去國外念書。我曾經提醒正志：「我自己在國外念書、教書，待了十餘年，深知西方的教育會把人訓練得極為獨立自主，如果你不是一個很積極的人，這段感情很可能會煙消雲散。」

女孩在第一個寒假回台灣與正志相聚，假期結束，女孩回去念書不多久，就要求與正志分手。

因為這件事，正志的心情完全跌到谷底，我每天晚上都找他一起吃飯，一起聊聊，可是他的心情不見起色，消極一段好長的時間，以至於論文毫無進度。

人的一生中，一定會面臨失去某些自己摯愛的人或物，心裡一定會難受。重點在我們失去時，心裡想到什麼；如果我們一直抗拒，甚且去抗爭或強求那已離我們遠去的，我們會失去更多。如果我們心裡想到的是接受現況，重新整理自己的情緒，我們的生命與生活就會有很大的不同。

「接受現況」也是「放手」的另一面，很多人認為「放手」表示自己軟弱，事實上，抗爭或強求，常只是滿足自己一時的情緒或慾望，這樣的決定不太需要經過深思熟慮；一個接受放手的心，第一關碰到的就是需要克制自己的情緒與慾望，這其實蘊含著更大的力量。

不是真正「看得開」

順文來讀書前，就有婚姻，但他過的是單身生活。

順文的朋友告訴我，似乎順文結婚的第一天，與妻子間就有問題。往後的日子，他倆便開始爭論不休的生活，他們吵到幾近離婚程度，女方提出高額贍養費的條件刁難順文。聽說順文的婚姻一直都在波瀾中，將近數十年，他的婚姻狀態不但懸而未決，甚且糾纏、破壞著他的生活。

順文告訴我，他覺得自己人生中最大的挫折就是婚姻，他遺憾自己沒辦法有一個正常婚姻。我從旁觀察，則覺得這個婚姻影響了他的人生態度，他常說自己因為這個婚姻，現在一切都看得很開，但他曾經說過：「我再努力有什麼用呢，很多事情終究是不能成的。」從另一個角度來看，他的人生態度是很不積極的。

所有的人對自己一定都有一些基本期待，與順文同期的研究生共有三人，另外二人一直很積極努力，我曾經勸過順文如果態度一直這麼鬆散，會嚴重影響論文進度。但是他沒有聽進我的勸告，我只能放手。可是，當他知道他的另外兩位同儕確定可以比他早畢業時，順文崩潰了！他產生憂鬱症狀，掛醫求診，低迷了好長一段時間。

在枷鎖中尋找出路

人常在不知不覺中，做了親痛仇快的決定，例如順文，如果那位沒有離婚卻攪得他生活大亂的妻子知道順文掉入這麼萎靡的狀況，她是不是會很高興自己對順文的影響力竟是這麼強！順文應該做的是讓自己活得更好，讓那位女子知道她無論如何是無法干擾順文的，這才是順文對那位女子最好、最有力的回敬。

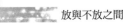

順文不想面對、處理自己的婚姻狀態，他不接受問題、不處理問題，為自己打造了牢牢捆鎖己心的枷鎖。

我的身體對我來說，也是一個枷鎖，可是，我接受這個事實，接受之後就不再掙扎，而是想辦法要在這個枷鎖中尋找出路。我真誠地勸告年輕人：上帝如果給了你很好的另外一半，確實是件美事，但是如果你的另外一半不夠好，甚或會傷害你時，你可以選擇分手或等待他變好；但是在等待的過程中，要讓自己成為一個更好的人，一則另外一半並不是你生命的全部，二則當你的眼光跨離眼前的嘈雜紛亂時，你會更清楚對自己生命重要的選項是什麼。

放手是接受現況後，再努力重新展翅，順文這樣的決定不是「放手」而是「逃避」。「逃避」讓順文的心沉落到看不見亮光的低谷。

20 內在動機帶來翻轉

做任何事，有了正確的內在動機，就不會覺得自己做的是沒有意義的事，日子也很難變得無聊或無趣。

內在動機讓人對自己滿足

不論是念博士或是學術生涯的發展，我的進程可能比一般人都稍微快一些，例如讀博士班，大部分人都要四年以上才能完成，我卻大概三年半完成，這不是我天資聰穎或是有什麼特殊才能，我體悟這可能得歸功於我對自己要做的事，有強烈的「內在動機」。

所謂的「內在動機」是出於己心，自動自發想要完成某件事情，而「外在動機」則是在外來壓力下，不得不完成某件事。

「內在動機」源自於知道自己為什麼要做這件事、為什麼要為這件事努力。在英國布魯奈爾大學任教時，資深老師Robert說我是「self-starter」（自我啟動的人），細細想來，這很可能是自己小時候養成了習慣；這些習慣使我長大後處理許多事情的方式都成為「想當然爾」，例如，從小，母親就為我們建立很規律的生活模式，放學回家先洗澡、接著做功課，這些生活順序讓年幼的孩子實際學習生活不是雜亂無章的；生活混亂的人，內心也常是混亂的；這些從小學習的規律，慢慢進入潛意識，進而成為生活中的「想當然爾」。

在英國時，同事常說我是「7-11」——一個禮拜工作七天、每天工作到晚上十一點。雖然工作時間這麼長，但從不覺得疲累、厭煩；事情一開始時，可能是源自「內在動機」：我想做出讓自己、讓人滿意的成績，所以願意付出時間與精神、體力；當好成績呈現時，成就感與滿足感便油然而生，最重要的是，我感受到對自己的滿意——我沒有偷懶、我盡了自己的能力。

這是一種良性循環，好成績可以鼓勵我們的熱情；對手上的工作或學習有了熱情，自然容易出現亮眼成績。年輕人如果覺得生活空虛、無力，不妨先為自己訂一個小目標，達成目標後會為自己建立一些成就感，然後，再慢慢往上累積。

翻轉出現

永中是很聰明的年輕人，寫程式、做系統能力非常好，在大學時代，他算是校裡的佼佼者。進入我的研究室，生活與從前很不一樣，他得重新學習研究室裡的規矩，除了自己的研究外，團體生活是很重要的學習。

永中極熱衷寫程式，但對非程式的工作，常很不耐煩，甚至有一次被我發現翹課，這在我的研究室裡是絕不允許的。我重重地處罰他後，永中去所長那兒申請更換指導老師。所裡的協定是除非兩邊老師都願意，否則不能隨意更換指導老師。我當然不會答應，隨意更換老師不但學生要有重新適應期，也造成新的指導老師額外的負擔。

「看來，我真的要死心了，我只好乖乖地、好好地念下去……」永中無力地對他的學長說。

但從那天開始，永中卻彷彿變了一個人，他很認真地做研究室每一件事。永中夠聰明，擺在眼前的事是看他要不要做，如果他選擇去做，可以做得很好。因此他能不能心甘情願選擇去做，就成了最大關鍵。

有了願意定下來的心，我也才能多花一些心思去引領他，幫助他完成了一篇會議論文。才念碩一的永中，看著自己這篇論文被接受刊登出來，大大受到鼓勵，此時又親眼看見碩二學姊找到一個上市公司很好的工作，心裡「想要更好」的動機接著也被牽引出來，在研究室裡的學習態度大大改變。

「我看到有一個寫程式競賽，我知道你很喜歡寫程式，想不想去試試？」我告訴他有一個競賽活動。

「老師，我現在覺得我的學習不是只有寫程式，把其他事情做好也很重要。」

我有點吃驚：「寫程式、做遊戲，不是你的最愛嗎？你的想法為什麼會改變？」

「我以前覺得寫程式可以肯定自己，它讓我看到我的價值。可是，現在我看到不只是程式可以讓我有價值，我也有其他可以努力以赴的。」永中在實驗室裡變成一個積極主動的人，例如，暑假我給每一位學生二週休息時間，永中說：「我不要放假，如果老師哪些天不在辦公室，我休那幾天就可以了。」永中的內在動機增強了，進度因此大大超前。

知道為什麼要努力

每一個學生畢業前都要完成兩個研究，我看完永中的第一個研究論文並幫他送出投稿給期刊時，告訴他：「你可以開始第二個研究了。」

「老師，我已經開始了，我在你審查第一個研究時，就開始第二個了。」我吃一驚，但心裡很高興他現在這麼積極主動。

永中升上碩二，成為學長，他很像一個稱職的大哥哥，把學弟、學妹帶得非常積極。學弟曾經不解地問他：「你為什麼不休假啊？」

「除非家裡有事要回去處理，否則休假也只是一直在睡覺，沒有什麼意義！不休假，早一點看到自己的成果，這不是很好嗎！」這是永中最新的觀點。

有一次我和他聊天，他對我說：「老師，我覺得自己現在和以前不同，小時候，爸爸只是要我努力用功讀書，但我不知道為什麼要努力讀書。進了這個研究室後，看到自己努力用功的結果，知道努力才能有好的未來，我現在是知其所以然的努力，並不是像念大學時是一片茫然的悶頭努力。」

所有的成果都不可能一蹴而及，如果心裡沒有動機便無法耐得住過程中的寂寞與煩瑣。不只是在學習上，在日常生活中為自己引發出內在動機，也是重要的，有了正確的內在動機，就不會覺得自己做的是沒有意義的事，日子也很難變得無聊或無趣，而這一切最終也最重要的結果是：人在正確的內在動機的牽引下，逐步完成該做的，這可以大大建立對自己的滿意度。

21

培養抓重點的能力

面對重要事情時，一定得先抓到整件事的重點，才不會因為旁枝末節而影響該有的處理方式，甚或讓自己陷入進退不得的窘境。

哪一個比較重要？

我的一位朋友與我父母也相熟，那天，兩家相約一起午餐。朋友遲到半小時，因為我的父母也有參加，有老人家在場，遲到是不太禮貌的，朋友抵達後再三道歉。

等大家坐定，朋友帶著歉意解釋遲到原因：她想等著和女兒一起出門，就晚了些，沒想到途中又遇到交通堵塞，讓她遲到。

遲到半小時，不是天大的事，但卻剛巧影響了我。我事先約好餐後要去一個比較遠的地方演講；我父母在場的聚餐，一定會等大家都到齊了才開始點菜；因為開動的時間晚了，那一餐，我只能匆匆幾口，不得不先離席，朋友又再向我道歉……

我離席後，心裡思考著：對她而言，這一次與長輩相約，是等著與女兒一起出門比較重要？還是與人相約不遲到比較重要？

是尊重？還是害怕？

有一次，我帶學生去中國大陸開會，回台灣的前兩天，我遺失了台胞證。機票已訂，我們一定要在最短時間內完成補辦證件。時間緊迫，我已經跑了四、五個辦事處，其中一處，承辦人員一直與別人聊天，我們只能坐在那兒枯等。我心想這樣聊下去，當天一定補辦不出來，因此，每隔一小段時間，我會請承辦人員幫忙盡快處理。但與我同行的一位學生一直要我不要去吵承辦人員，免得得罪他。

「如果承辦人員這樣一直聊下去，今天怎麼可能補辦好台胞證？」我心裡是著急的。

「如果今天辦不出來，那就明天再來吧。」沒想到我的學生竟然如此「老僧入定」。

「明天？明天不就要回台灣了嗎？如果台胞證今天辦不下來，明天的回程班機要不要改？現在住的飯店明天不能續住，我們要住哪裡？……」

終於，台胞證補辦出來，出門後，我看大家都在走道對面攔計程車，但卻有個牌子寫明是在走道這一邊攔車。這位學生不肯過到對面，一直站在規定的這一邊，卻一直攔不到車。我眼見情況不對，就往大部分計程車停車處攔車，順利上了車。上車後，學生嘟囔著我不守規矩，「可是依照你的原則，我們可能整天都無法叫到一部車，後面的事情還要不要處理呢？」

這是不是顯示出學生所看到的重點，只放在眼前狀況安全過關就可以了？例如不要打斷承辦人員聊天，看來似乎是「尊重對方」或是擔心惹惱對方，這樣可以避免不必要的不愉快，但可能忽略了更大的重點是後面衍伸出的問題。

我不是認為我們自己的問題最大，別人需要立刻處理我們的問題，我也不認為我們為了要解決問題就可以不守法，遇到類似這些情況時，我們可以思考一下解決之道，例如用禮貌的態度請對方幫忙加快速度，並不需要惹惱他。另者，堅持在道路某一側攔計程車，看來似乎是「守法」，卻可能因為不變通，造成更大的浪費時間。

把重點放對地方

優一老師開了一門新課。在這堂課裡，他為學生選擇為數不少的論文，要求學生讀完每一篇論文後，思考整理自己對這個議題建立了什麼看法。所以，讀這些論文時，並不需要每一篇鉅細靡遺地深讀每個細節，優一老師主要在訓練學生建立自己的想法與看法。

思文上過一兩次課後，就明白老師開此課之目的，也瞭解到重點應該放在何處，立刻找到正確讀這些論文的態度與方法。因此，思文可以為自己的「思考」留下更多時間——「思考」是需要時間去培養、建立的，我們無法在匆匆一瞥的時間內，訓練自己建立成熟的思考能力。也因為抓到正確方法，思文可以為自己其他科目及論文留出更多時間，思文在碩士班期間發表不少水準以上的論文，我想這都與他能抓到重點有關。

相較於別的學生，思文找到了抓住事情重點的能力，讓他的學習在同儕間顯得突出。這件事其實也告訴我們：遇到各種事情時，可以先判斷對方要的是什麼？把重點放對地方，就可以事半功倍。

可能會有人說：「但是勤能補拙，我寧願全部仔細看完。」這個觀念是正確的，但原則上，我們也要知道：要把「勤」放在什麼地方才能補拙，而不是一味蒙著頭沒有重點地瞎闖。

種什麼，收什麼

可是如何抓到重點呢？觀察周遭的事物、和身邊的人對談，或許可以比較容易建立抓到重點的判斷力。

我記得自己念大學時，學校會委請幾部公車在放學時間充當校車送學生回台北。每次搭乘「校車式公車」時，我會主動找學長、學姊聊天，問問學校或系上一些事情，這幫助我在學校做一些決定時，能瞭解問題的重點核心，而不是心裡一片空白的茫然。

另一個例子，在雪菲爾德大學念博士的第一年，我每天下午、晚上去學校圖書館找別人的博士論文讀，好長一段時間，天天除了上課，其餘時間我幾乎都待在圖書館，不是找論文，就是讀論文。我一直告訴學生，當時做這件事對我的幫助有多大，我在別人的論文裡知道「博士」論文的重點在哪裡，也為自己打下讀寫論文的基礎。

上帝對每一個人都極為公平，單就時間來說，每個人每天都是二十四小時，如何使用這二十四小時，是人的責任，有人把時間重點放在學習上，有人把時間重點放在玩樂上，有人把時間重點放在空想上……，聖經說：「人種的是什麼，收取的也是什麼。」中國人也說「種瓜得瓜、種豆得豆」（再一次呼籲：真的別輕看老祖宗留下的生活智慧，這些諺語是我們生活的提醒也是警惕）。如果不學會找到事情的重點，很多時間便虛耗掉了。

22
給自己站得漂亮的機會

一遇困境就選擇放棄，這是不給自己從困境爬起來的機會。

突如其來的挑戰

天龍是博士後研究員，跟著我學習寫論文。他想找教職工作，將履歷投到各大學院校。有一天天龍打電話來，聲音充滿了沮喪：「Sherry老師，你一定要幫我……」

「發生什麼事了？」我要先問清楚，才能知道自己幫不幫得上忙。

「Y大學要我一週後去面試……」這是好消息，可是天龍的聲音裡沒有雀躍興奮。

「學校要我用英文做報告，唉，這……根本很難啊，我的英文哪有這麼流利！」聽得出來，他真的為這個要求很沮喪。

我能理解天龍一直都是在台灣念書，他的英文閱讀能力可能不錯，但英語口語不一定順暢。突然要用英語做一整篇的專業報告，這的確不容易。

不過，這個忙我是幫得上的，「沒問題，別擔心，我會幫你。」我們在電話中約了碰面時間。

放下電話後，我真覺得這件事是天龍的機會，除非他的對手英文口語流利得不得了，或是他的對手也有一位英語流利的朋友幫助他，否則，天龍以英語出線的機會就大大增加——只要他能在這個禮拜中提升自己的英語口語能力。

我又致電給天龍鼓勵他：「這是你勝出的機會，辛苦一個禮拜，選中你的機會很大。」

這一個禮拜，天龍每天都來我辦公室，跟著他投影片的內容，我像一個英文老師，和他一遍又一遍地對談、一遍又一遍地修正，修改他的文法、修改他的腔調、修改他的發音、修改他的速度……，慢慢地，天龍就越來越熟練，練習的最後一天，我鼓勵他：「帶著信心去面談吧。」

挺過痛苦

如果我們看到一件有興趣或想要成就的事，但是擔心自己的能力、程度不夠，要放棄嗎？

天龍沒有放棄；他有一個很好的特質：願意用幽默化解壓力，而不是怨聲載道。他剛開始跟著我學習寫論文，幾乎每一次都被退件。我相信每一次被糾正時，都會是一個壓力，也是一個挫折，我曾經開玩笑問他：「我這樣常常對你的論文打槍，你心裡會不會受不了？」

「對啊，老師，我現在正在存買槍的錢。」他笑著回答，然後就帶著我的修改建議再開始第二回合、第三回合的奮戰……

凡事都是起頭難，天龍寫論文時一次又一次的挫折；練習用英文做報告面試，一開始糾正腔調的痛苦……這些都不是輕鬆好玩、可以一筆帶過的，非得一步一步扎實走過才能克服，但他都挺過來了。

能挺得過痛苦，就看得到成功的身影，天龍不僅得到Y大學的工作，也發表了好幾篇高品質的期刊論文。

想望美好前景

心音甄試進入我們學校碩士班，開學前的暑假，心音在我的研究室工讀，她想先熟悉將來要學習的內容。

「我知道從老師實驗室出來的學生，幾乎都可以找到不錯的工作，我知道自己可以進入老師的實驗室時，心裡非常興奮、充滿了期待。」心音帶著滿臉愉快對我說這話，似乎她已經看到前景一片美好。

「你在這一、兩年裡可能要多加把勁，辛苦一些。不過，只要不怕吃苦，成果一定是你的。」我也為心音加油打氣。

心音興致勃勃地為自己訂立日後學習目標——建立一套資訊系統。心音在大學是前三名畢業，學習態度及程度應該都不錯，卻沒想到我們開始討論正式課業相關的學習時，她的表現卻讓我大吃一驚。

「你大學時期，是如何完成作業的？」我很難想像心音的大學課業是如何過關，更別說她是以優異的成績畢業，這超出我能理解的範圍。

「都是我朋友幫我做的。」她完全靠著朋友幫她完成每一樣功課，而且看起來她似乎也不覺得這是個嚴重問題。

我和她談過，勸過她，做學問的事得靠自己，心音的言下之意卻是認為我管得太多。

對自己滿意的成就感

開學前在研究室的這段時間，我想心音一定覺得日子不好過。八月底開學前，她告訴我要離開實驗室，放棄讀碩士。

這又讓我吃了一驚，如果這樣就受不了壓力、就要放棄，這不是太輕易就為自己舉白旗投降嗎！而且心音的情況並不是已經無法彌補，她只要重新開始，把步驟弄明白，就可以慢慢步上正軌。或許一開始時會多花些心力、時間，或許還要再加上足夠的耐心，的確會辛苦些，但並不是不可挽救。才兩個月，就決定放棄，一來未免可惜，二來這樣的決定會縱容自己一遇困境就選擇放棄，不給自己努力的機會、不給自己從困境爬起來的機會。我也認識心音的大學老師，我們一起勸她，但心音仍然決定放棄。

心音期待將來能有好工作，她在言語上也確定自己要先辛苦兩年，但心音放棄了實際行動。當然，以心音的情況來看，要努力加緊腳步追上不足之處，是辛苦了些，但接受現實狀況，為自己的將來卯足全力補上以前所漏失的，才是她最好的選擇與決定。心音如果能夠一關一關克服，畢業時，應該就可以得到她一直想望的結果。可惜，最後的結果是心音離開了我的實驗室。

每一個人一定都具備適應基本壓力的能力，學會處理基本的壓力，我們便能更上一層樓，因此在安全範圍內的壓力，對我們的心性是有幫助的。如果不使用上天給我們的這個能力，一遇挫折就想離開，就無法體會對自己滿意的成就感，就更別說期待自己能夠達到想要的目標！

23

讓自己像塊海綿

人對自己有著什麼樣的期待，就會讓自己往什麼方向走去。

開啟學習的態度

我念大學四年級時，「電子計算機概論」是必修課，我們要在課程中學習寫電腦語言。大三暑假，聽聞台灣大學電機系開了電子計算機暑期學分班，對外招生；我想先瞭解內容就報名參加。台大開的這門課內容扎實，修完課程，我和另外三位同學邀約老師一起吃飯表達謝意。

席間聊天中我才知「系統分析」的工作內容，老師描述他的工作時，我聽得津津有味，也提出許多問題。後來，我又單獨請教老師，對「系統分析」提出更多問題，老師可能已經知道我對這個領域有興趣，他買了好幾本關於「系統分析」的書送給我，我如獲至寶，極有興致地一一閱讀，也略略建立起對這個領域的一些概念，這也幫助我開學後修習「計算機概論」能夠更快進入情況。

大學畢業，我去美國馬里蘭大學念碩士班，第二年的三月，我收到大學老師來函，問我是否願意畢業後回台灣去他服務的立法院電腦中心工作。謝謝老師，我一畢業回台灣就有了一份「系統分析師」的工作。

不要輕忽有興趣的事物

我們尋找自己的興趣時，如果對某一項專業「有感覺」，就值得更進一步多瞭解這個「感覺」及它所包含的內容。

台大暑修班的老師開啟我對「系統分析」的興趣，接著我讓自己探索這個領域的知識、建立這方面的能力，這時候，認真認識這門專業是我的目標，但它將來能否成為我課業學習的主要目標呢？我將來會靠它維生嗎？這些在當時都是未知，不過，在那個時刻，我確定知道那是我有興趣想要多學習的，因此就下功夫、花時間去多認識它。

我要呼籲年輕人，在體力、精神、記憶力都正值旺盛的階段，讓自己像塊海綿，努力吸取對自己有益的一切，這可以為自己的未來累積扎實基礎，在不遠的將來，不論走入哪一行，為自己建立最基本的「主動學習」這個態度，絕對大有幫助。而且不要輕忽自己有興趣的事物，為自己的興趣建立一小步一小步的學習步驟，在每一個小步中達成設定的目標，不但可以累積自己的成就感、對自己的滿意度，也在這個過程中為自己累積堅穩的實力。

當然，也有很多人對很多事物有興趣，例如一個人喜歡建築，也喜歡音樂，也喜歡資訊，他不是見一個愛一個，而是真的喜歡不同領域的學習。這樣的人其實是幸福的，有這麼多愛好，生命會很多采多姿。我的建議是他一定要為自己分析、比較，找出一個最愛、最要全力以赴的目標，不然，這樣的多采多姿容易成為一事無成的致命傷。

面對不熟悉的事物

有一天我去拜訪小學同學，他的先生在國際公司身居要職，與我所學是完全不同領域。聊天時，我興致勃勃地聽著同學的先生談他的專業，中間我也不時提出問題。後來同學的妹妹也來了，她學設計，我們聚在一起談話聊天，我又聽了一些關於設計、自營公司的知識。對我來說，這樣的學習既沒有壓力，又可以知道一些我原本不知道的事情，是很愉快的，所以，我會認真聽，也認真提問題。

但另一種情況是：淑賢是我的朋友，她的工作是公司秘書，先生是另一間科技公司工程師，她常向我抱怨不喜歡和先生一起參加他同事的聚會，因為這些人談的都是科技產業，她沒有這方面的專業背景，聽不懂他們在說什麼，也無法插話，因此覺得很無聊。

我建議淑賢可以在聆聽他們的聊天中增加自己的知識，以備未來的需要。然而淑賢的態度則是：需要的才去問問、學學，她並不想多探詢、多學習課業以外的東西。她說這樣可以活得簡單輕鬆些，而且在眼前也看不出有什麼損失。

擺脫心靈的意識不清

可是未來呢？如果她現在做的，在未來失去了效能或是被取代了，而她在過往的日子裡又沒有學習新東西，為自己累積一些基礎，她將用什麼讓自己立足？最重要的是，她一直沒有為自己培養出「探詢」的學習動力，當她失去了熟悉的舊業後，得花費比別人更多的時間、精神與力氣重新立足，但是年輕時就已經沒有這種動力了，年紀漸長之後情況會變得比較好嗎？

果不其然，有一天我接到淑賢的電話，因為疫情，百業蕭條，公司要裁員，淑賢被解聘了，她需要另找新工作，所找的工作仍然是以秘書工作為主。但是半年後，她仍然沒找到新的工作，大部分公司覺得她的年齡已經不適合做秘書，而她又只會一些文書軟體，沒有別的專業知識，所以也不適合其他專業的工作。

曾經有一個機會她可以進科技公司做業務，但是在第二次面試時，公司覺得她對科技業的瞭解太少，最後也沒有錄取她。如果當初淑賢可以把握先生和同事聊天的機會，為自己增加一些科技方面的知識，也許就可以進入這家科技公司了。

人生到處都是學習的機會，每一個經驗都可以為自己創造一個機會或是教導自己一項功課，也就是說人生沒有用不到的經驗。因此我們進入人生每一個階段時，都要花點時間檢視對自己的期望是什麼？也再一次檢視自己對新事物的學習動機有多強？在這個階段中自己可以學習的是什麼？這其實是對自己的尊重，不要讓自己意識不清地過日子——這是心靈上的意識不清！也不要讓自己心裡充滿的都是抗拒，常常抗拒學習，只是讓自己徒然損失機會。

第
2
部

得不到家庭的支持時，讓自己先好起來！

寫在前面

回台教學至今整整十二年，在這段不算短的光陰中，我帶著一屆一屆不同的學生在學習之路上奮力往前。

老實說，我對學生很用心，不只看重他們的學習，也關心他們的生活；如果學生願意學習，我也會把自己一些人生經驗、生活體會與他們一同分享，希望年輕的孩子們在這個價值觀混亂的時代，漸漸建立自己的人生方向，讓自己前行有定向。

可是，我確實也看到許多孩子的問題源頭是來自於父母；我的學生中，有來自於失能的家庭或是有失能的父母，導致孩子從小在不健康的環境中成長，他們能奮力走到今天，為著自己的前途，讓自己在課業上的學習更上一層樓，真是極不簡單，也因此，我看到這些孩子時，心裡的疼惜更是加倍。

因此，我在此書另闢一個部分，想要談談我看見的父母的問題；在這一個部分裡，我們會看見父母錯誤的對待或教養，給了孩子多大的影響，長大後的孩子帶著一身創傷，千辛萬苦都未必能翻轉過來。

每一個家庭各有不同問題，我只想呼籲身為父母者，實在不能輕看自己的身分與責任，父母的每一個決定甚或每一個舉動，都會在不知不覺中影響著孩子的身心靈發展。

我也要誠懇地告訴年輕人，在功能不彰的家庭中，唯有你先正向翻轉，才有能力拉拔其他正在受苦的家人。

24

當我們只能符合父母的要求

真正的愛，讓人心懷感謝；偽裝的愛，讓人痛苦。

真正要他停止課業的，是他的母親

我要申請一個國科會計畫，內容非常符合榮憲的研究領域，我想到他因為母親要求而「告老還鄉」，不知現在是否想要參與這個研究計畫。榮憲在電話裡告訴我：「老師，不要考慮我，我不會回來了。」

年近半百的榮憲，研究生涯這樣半途而廢非常可惜，我心裡還存著一絲希望：「沒關係，你的名字先借我放在研究計畫裡……你最近有沒有做些什麼？有沒有去兼點課？」離開這個領域久了，會日漸生疏，這是不好的。

「沒有……我……我在休養……」

榮憲以脊椎受損辦理休學，醫師診斷他的腰椎有一點彎，但我和他都心知肚明，他的脊椎並沒有嚴重到無法工作，真正要他停止課業的，是他的母親。

榮憲老家離學校雖不算遠，但一趟也要花大約一個鐘頭，榮憲媽媽強烈要他每天往返，甚至威脅兒子：「如果你不搬回家住，我就離家出走。」媽媽主要目的就是要每天能看到他；而且媽媽並不鼓勵他在學術研究領域裡努力，就我所知，榮憲的博士念了七、八年，一直不能畢業，但他的媽媽似乎從來不關心這件事。榮憲媽媽不在意兒子在家無所事事，她只要能天天看得到兒子。

我心裡很納悶，榮憲的父親已經過世，他已邁入中年，這樣長期什麼都不做，家無恆產要如何維持經濟狀況？處在壯年無業的狀況中，他的自尊與自信要如何維持？

我問好友慧淑：是不是我擔心過度？是不是我無法體會榮憲那種無所事事的悠然心態？慧淑篤定地告訴我：「我想他的家庭很可能是一個缺失某些功能的家庭。」

榮憲以前說過：「父母期待看到孩子呈現的，未必是功成名就，也許父母要的就是此時此刻圍繞在他們身邊……」

這是比較務實的做法嗎？

我絕不會要學生為了成就自己而選擇棄父母於不顧：「等到你也年紀大了，家裡沒有祖產又這樣坐吃山空，你覺得仍然只要每天出現在母親眼前，日子就可以永遠這樣安穩過下去嗎？」榮憲不說話。

我不懂榮憲怎麼就如此放心地不對未來有任何安排，就算祖產足夠供應生活所需，他念到博士，人心裡深層基本「覺得自己有用」的需求，可以置之不理嗎？

立雄知道榮憲選擇放棄學業，我問身為榮憲好朋友的他為什麼不勸榮憲？「老師，如果我勸他，導致他回家和他媽媽大吵一架，我承擔不起……」

我相信榮憲的媽媽極度愛這個孩子，兒子的脊椎不好，又常常很辛苦地做研究，叫他脫離這個「看不見明天」的學業，回老家守在自己眼前，或許才是比較務實、保險的做法。

衷心盼望榮憲做的是不會讓自己後悔的選擇，也衷心盼望他的未來是一個符合他自己期待的未來。

情緒勒索是偽裝的愛

在榮憲身上，我也看到父母所施加的情緒勒索，很可能讓孩子一生跳脫不出這樣的桎梏。常常這樣的情緒勒索是不能（或不願）讓孩子展翅，因為這樣的父母害怕孩子一旦展翅，會撇下自己。父母把這樣的恐懼加諸於孩子身上，讓孩子出現想為前途努力的念頭時，就生出罪惡感，覺得父母才應是自己人生的首要。

「情緒勒索」常用「愛」做偽裝——因為捨不得對方受苦，所以拉住對方。但是，真正的愛，讓人心懷感謝；偽裝的愛，讓人痛苦。

25

變成媽寶不是自願的

獨立不只是生活上的獨立，心理的獨立更是重要；生活上的獨立可能是假象，唯有心理獨立，才能做一個完整的人。

奇怪的論文內容

每一個聖誕節，我都會和學生辦聚餐，有一年，我請俊安主辦那次的餐會，大家一起吃火鍋。大家正開心準備開動，發現沒有鍋用大湯匙，俊安趕緊去買回來，大家傻眼地發現，那竟然是一個瀝湯水的大漏勺。

這讓我想起大家一起去吃小火鍋，俊安竟然不知道怎麼開瓦斯。俊安的父親曾經說過俊安是獨子，沒有兄弟姊妹，媽媽很寵他，在我實驗室念書時自己租屋，每天用過的碗盤都堆在碗槽裡，等媽媽一個禮拜來洗一次。

在生活上，俊安是「媽寶」；在學習上，俊安從來不與同學並肩作戰，沒有「群體」、「互相」的概念，只顧著做自己喜歡的事。

俊安的論文進展非常不順利，眼見時間一天天流逝，論文幾乎沒有進度，他開始焦躁，他的父母也開始緊張。有一次，寫出來的內容更加奇怪，他先交給我兩三頁內容，我愈看愈覺離譜，我不是沒有給他範本，他怎麼會寫出風馬牛不相及的內容？

經不起我一再詢問，俊安承認這幾頁是爸爸幫他寫的。

我重重嘆口氣：「難道你爸爸也要來幫你口試嗎？」

我打電話給他爸爸。他父親解釋著……。俊安的父親在電話裡承認自己做錯，也答應以後不再做「槍手」。

他的媽媽指導我該如何做老師

俊安的車子壞了，買新車需要去看車、試車，有幾天不能來實驗室，這當然要完成請假程序。沒想到請假的人是俊安的媽媽，關於請假的事，俊安一次也沒對我提過。俊安媽媽總是在當天發個簡訊告訴我兒子今天要去做什麼事，不能來實驗室。

我雖然都同意，但也不免起疑：「為什麼俊安不能自己請假？」也因為這事，我和俊安媽媽也有了聯繫。俊安的論文一再撞牆，俊安媽媽終於也忍不住，直接在電話裡告訴我該如何教導俊安課業。

「這是不是太超過了……」我瞬間想起同學一直抱怨俊安只顧自己、不管別人的埋怨，沒想到他的媽媽竟然還干預別人該如何教學。

「你們太寵俊安了，你們應該培養他獨立……」我也把其他同學的抱怨簡單說給俊安媽媽聽。

「老師，你可以不要聽其他同學說的，這些抱怨讓學生自己去處理就可以了。」俊安媽媽這樣回應我。

「如果是雞毛蒜皮的事，當然可以。可是其他同學抱怨的頻率已經到達每兩天就來一次的時候，你覺得我可以不處理嗎？這個孩子應該學習獨立、應該學習站在別人立場想，這樣才能與別人相處。」

「我覺得這個孩子很獨立，他高中就自己在外面念書，現在也一個人租屋住……」看樣子俊安媽媽說的獨立是指可以自己過生活，與我說的心理獨立大相逕庭。

俊安媽媽繼續指導我該如何帶她的兒子寫論文，「我想我不適任做俊安的指導老師，請他另外找指導老師吧。」在無法溝通的情況下，我只得豎白旗。

「這也要孩子自己做決定！」一切事情都為俊安處理的她，卻在此時丟出這個結論。

虛言浮詞的切結書

雖然俊安在學習上有這麼多困擾，但我沒辦法不再理他，有一天我找他談了很久：「如果不是因為你父親能夠理性談事情，我真的沒辦法繼續收你做研究；你對父親幫你寫論文這事，有什麼想法？」

俊安似乎完全不明白這件事背後含意：「就只是我不會寫，爸爸幫我寫啊。我也不知道這還有什麼其他含意。」那天晚上我們談了很久很久。

「如果要留在我的實驗室，你要寫一份類似切結書的東西，第一表明你可以接受訓練。第二表明你承認在論文的寫作上假手他人，犯了錯誤。第三，以你目前的進度，很可能要延畢，如果延畢是你可以接受的。我也會把原因、希望你如何做都寫得清清楚楚，你一旦簽名，就要按著去做。如果你同意，你先擬一份稿子，然後再加上我的內容，我倆都同意後就簽名，好嗎？」

「好的。」他爽快答應了。

第二天，俊安果真拿了一份切結書草稿來找我。

我看了以後真不知該說什麼，切結書裡寫的是：「以後我的行為要表現良好……」全都是不著邊際的虛言浮詞。

「你為什麼這麼寫？是你爸爸叫你這樣寫的嗎？」我心裡真是生氣。

「我昨晚找不到我爸，我媽和阿姨說，我寫這個切結書如果流出去，將來可能會對我不好，萬一我做不到切結書裡說的，可能我要付出某些我現在無法預期的代價，所以我媽和阿姨叫我這樣寫。」

我愈聽愈火大：「你覺得你這份切結書寫得這樣不明不白，我就不能把你怎麼樣嗎？我今天這樣做，是給你機會……你去問問你爸爸如果他遇到這種狀況，他會怎麼做！」

我心裡有很深的嘆息，俊安的母親和阿姨知不知道自己給了孩子在處事為人上什麼樣的示範？

父母的教養態度一定會深深影響孩子，我想起自己小時候學習寫數字，總是把「9」寫成「p」，老是改不過來，那天，媽媽似乎是鐵了心，非要我寫正確以後才能睡覺。媽媽坐在客廳盯著我寫，我坐著板凳，伏案在茶几上寫了又擦、擦了又寫，直到半夜兩點，終於寫對了，媽媽才放我上床睡覺。從此，我的「9」再也沒有錯過。當時，我是一個五歲的孩子，媽媽毫不寵溺，該學的就是應該要學會。

父母在寵溺或放縱中，可以避開眼前的衝突，換得孩子的安靜或笑臉，但是卻摧毀了孩子學習為自己負起責任的肩膀。聖經說：「教養孩童，使他走當行的道……」幾乎正常的父母都會養大孩子，但教導孩子使他走當行的道，的確是身為父母最大的責任。

不要讓孩子變成巨嬰

父母心疼兒女，這是天經地義，但父母一定要分清楚什麼時候該訓練孩子獨立；獨立不只是生活上的獨立，心理的獨立更是重要；常常生活上的獨立可能是假象，唯有心理獨立，才能做一個完整的人。

並非所有孩子都是自願成為媽寶，之所以會產生「媽寶」的孩子，常是父母的控制慾極強，總是要求孩子要照著自己的意思行，在抗爭無效的情況中，時日一久孩子就放棄凡事自己承擔責任，更且，在父母的代勞或保護下，自己不需負任何責任，這似乎也是個輕鬆的人生！殊不知，這樣的孩子欠缺獨立思考能力，常常是對自己沒有自信、對事情沒有主見、對人沒有責任感，缺乏決斷力又無法忍受挫折。

父母的心態及作為具有決定性的影響，千萬不要讓自己的孩子變成一個離不開父母的巨嬰，我們都不想愛之適足以害之。

26

翻轉原生家庭的命運

家庭的命運是可以跳脫的。雖然無法改變父母親，但我們可以改變自己、讓自己更好。

習慣唬弄人

正華初入實驗室，提出的計畫是想要建立一個英文學習系統，這當然需要羅列出一些教材當作範本，才能說明該如何學習。但在他的計畫書裡卻看不出任何與教材相關的說明。我問了好幾次，他始終沒辦法清楚說明自己的問題癥結點，總是找一些託辭表明他對這些狀況是無能為力的。

正華選修我的「學術英語」，已經開課兩、三週了，我一直沒看到他的身影，那次上課仍然沒看見他，同學也都不知他的去向。我請同學聯絡，不一會兒，只見正華飛奔而至，告訴我因為身體不舒服去看醫生，我也認為真是如此。

以後連續數週又都發生一模一樣的狀況，下課後，我單獨與他談：「你前幾週沒來上課，都是因為去看醫生，那麼這一次呢？」

他支支吾吾地說了實話：「因為晚上睡不著，常到天亮才能入睡，這一睡常就睡到下午……」

我只好規定他每天最晚在中午十二點之前一定要到實驗室，不然就罰錢。正華規律了大約一個月左右，有一天又是直到下午還不見蹤影，找到他後，理由又是身體不舒服，我直言：「正華，現在我已經不會再接受你這個理由了。」

正華坦言又開始了晚上不睡覺的生活。在這樣的循環裡，正華似乎認為他先說謊再道歉，這樣就能過關，我也不會生氣。正華說這是他一直以來為自己行為解釋的方法，在別的老師面前都行得通，但現在漸漸知道不能再用以前唬弄老師的方式來唬弄我。

唬弄美術助理

入學一段時間後，研究該有些進展了，「系統進展如何？」我問正華。

「差不多都做好了。」

「很好，你可以把畫面交給美術助理，請她幫你美化。」

「老師，正華給我的東西，我什麼也做不出來。」有一天美術設計喪氣地跑來找我。

釐清狀況後才知道，原來是正華以為美術助理不懂程式，就對美術助理說一些不著邊際的專業術語，然後要美術助理把它們整理出來。美術助理在我這裡任職甚久，早為其他許多學生的系統處理過，都可以順利進行，唯有正華的內容讓美術助理摸不著邊際。他開始唬弄美術助理。最讓我吃驚的是排列內文時，系統一定可以將文字對齊，但正華說他怎麼試都沒辦法做到，他請美術助理以貼文方式幫他完成。

折騰了半天，才知道原來是正華沒有在他的系統裡加上「內文對齊」功能，幫正華加上這個功能後，下一步驟就順利進行。

一邊做程式一邊就要思考如何做實驗了，沒想到隨著進展，竟然發現正華的系統只完成一半，後半段幾乎是空的，無法繼續。

「啊……我以為自己的系統已經Coding完成了，所以學長與老師詢問時，我都信心滿滿地回答已經做得差不多了……」

「正華，如果我早知道你的系統進度如此，我不會現在請美術助理幫你進行下一步，你這樣不但耽誤自己的時間，也耽誤美術助理的時間……我很清楚告訴過你，在進入實驗階段前，我一定會很仔細確認你寫的系統每一步驟，你是沒聽懂我在說什麼？還是沒有思考這整個過程？」

父親的拳頭

「這個孩子是不是不太用腦思考？為什麼他很多反應是『只要眼前能過關』就可以？」我直覺正華可能是來自一個特殊家庭。

我直接問正華家裡狀況，談話中知道他在家暴中長大。

正華父親暴躁又暴力，他從小就看著爸爸打媽媽，這讓他極度沒有安全感，導致缺乏自信。正華說他至今記得自己很小時，媽媽挨打後哄他睡覺，媽媽痛苦地對他說：「如果不是因為你和妹妹，我早就離開這個家了。」小時候，爸爸對他說什麼，如果正華沒有在三秒鐘內回答，父親的拳頭就揮了過來。這讓我明白了為什麼我問正華問題時，他似乎都是沒有經過思考，立刻就給出答案——不論這個答案能不能和他的實際狀況結合起來。

「思考」絕對是從幼年被培養、訓練建立的，暴躁的父親從來就不讓孩子有思考的時間與空間，只要正華回答得慢了些，拳頭便如雨下，這個孩子從小就受了這麼大的折磨與虧待，他從小就被父親「訓練」得要立刻想到保護自己的方法。也因為這樣的「養成」，正華痛苦地說：「除非機會自動來到眼前，或是我落入一種很壞的景況，否則我不會積極為自己的未來找出路，『出類拔萃』永遠都不會是我能達到的狀態，因為我來自這種家庭，我沒有能力……」

「你為什麼不告訴自己『我要跳脫這種命運』？你無法改變父親，也無法改變父母相處模式，但是你可以改變自己、讓自己更好，然後，或許你就有力量翻轉你家的命運。」我很疼惜這個從小就心靈受傷的孩子。

人性積習很難瞬間修正

在國外的女友提出要和正華分手，他怪女友變心，我問他：「假設你妹妹男友的情況如同你，你贊成妹妹嫁給這樣的人嗎？」我把他的狀況概略講述了一遍。

「不願意……」

「這就是答案了。」

「你一定要改變自己的狀態，否則將來只會讓對方認為『我選擇離開正華是正確的決定』。」

每一次我們談過後，正華情況就有好轉，但每一次都無法持久，例如我要學生先用中文寫會議論文（我的學生畢業論文一定要以英文書寫，此時只算是先用中文熱身），正華交出的作品毫無章法、沒有重點，內容凌亂不堪，只是把他知道的東西一塊塊拼貼成一篇文章。

正華在學業上的表現，似乎都沒有經過思考，這種情況偶一為之尚可，但若幾乎每一個需要處理的問題都是如此，我很有理由懷疑他是不是又回到以前的行為模式，等著我和他的學長幫助他釐清方向、重新組織內容。

正華能力不差，但他不想多花心思把事情搞清楚，得用很強的外力壓迫他、盯著他，才能走在正確的路上。

我不能再這樣「幫忙」下去，我應該做的是幫助正華指出他的問題，但他要自己找答案、找方法、自己重整自己的論文，否則，正華永遠學不會該學的。我停止幫他「完成」時，正華就沒有進度，然後又不停問一些與論文方向沒有關聯的問題。他總是落在這種循環裡！

正華開始寫程式時，也出現同樣問題，同學給予援手，上網幫他找資源，驚訝地發現他選擇了一個並不合適的內容，直接把網站上的內容複製到自己的論文裡，同學不解地問他：「你應該是看板主怎麼寫這個內容，然後按照自己的需要調整成自己的內容啊！」

我實在忍不住，問他到底是怎麼了，他說：「我只是想找一個簡單又便捷的方式。」一聽了這句話，我感覺到人性的積習真的很難瞬間修正。

研究之路沒有捷徑

正華從小為了自保，養成凡事快速給答案的心態，唯有快速給了父親答案，才能免於如雨般的拳頭，「快速給答案」就內化成他處理事情的方法與態度。

初開學提不出研究方向計畫書，他總是找託辭；在「學術英文」課堂中屢屢缺課，他給的理由；系統程式尚未完成，他就告訴大家已經可以進入下一個階段……種種跡象顯示這個孩子只求眼前安全過關，而顧不到這樣的答案會牽引出什麼後果。這個習性也影響他凡事一遇阻礙，就停滯不前，不會想到自己可以更進一步去尋求解決方案，連提出的問題也都是沒有經過思考的表淺問題。

「我曾經有過寫到很晚，但交出來的成品仍然被老師『退件』，這讓我有點心灰意冷，覺得何苦這麼努力！」正華這樣對我說過。

這個孩子決定事情的角度真的是偏了！「你努力，一定會有成果，但未必是現在，你不能期待今天很努力，明天就要看到成果……」他很驚訝地望著我，「就像你們現在看到我很會寫論文，那是因為我長時間在『論文』上付出很多努力，慢慢累積才有今天的能力，並不是我上個禮拜在論文這件事上很努力，這個禮拜就擁有這個能力……」

「哦……老師，我以前不是這樣認為……我以前問過學長該如何寫論文，學長告訴我一些方法後，我一直認為自己已經找到捷徑……」他有點恍然大悟的表情。

「你真的相信在研究之路上有『捷徑』嗎？」想到正華從小在父親那兒受的苦，我不忍責備。

「世界上沒有『捷徑』，幾乎所有的成就都是靠著最笨的方法──一步一腳印的點滴累積而成。」我實在很擔心很多年輕人認為「一步登天」、「瞬間成功」是可期待，甚或是理所當然的。

在我的實驗室裡兩年，正華說在他很沮喪的那段時間，我與他連續數次的談話，對他很有幫助、很有啟發，之後他就比較曉得該如何修正自己的心態。經過了兩年，正華已經一點一點地甦醒過來。

前一陣子正在服替代役的他，高興地打電話給我：「老師，我找到一個上市公司的工作，對方願意等我退伍……」話語中難掩他的興奮之情。

我在話筒這端百感交集，這個孩子從小在父親那兒吃了這麼多苦；他曾經絕望地認為因為來自那樣的家庭，「出類拔萃」永遠都不會是他能達到的狀態，現在正華用自己的努力證明：「我要跳脫這種命運，雖然無法改變父親，但我可以改變自己、讓自己更好。」或許將來他真的就能翻轉家庭的命運。

從願意學習的那一刻起

嚴格說來，正華的父親之所以能夠被稱為父親，只是因為他生下正華，在正華成長的每一個階段，這位父親都沒有盡到作父親該做的；他的暴躁與暴力扼殺了孩子的思考能力，造成他心理極大的恐懼，以至於長大後，這個孩子只看眼前，只要眼前過關，不思考眼前的決定或做法會為將來帶來什麼影響！

正華的媽媽曾經痛苦地告訴正華：「如果不是因為你和妹妹，我早就離開這個家了。」媽媽在這個家裡承受著極大的苦，但孩子是無辜的，為什麼要孩子擔負這種背不起的責任！成人不想要面對問題或無力解決問題，卻把自己無能為力的痛苦轉嫁給孩子，讓孩子承擔著成人痛苦的後果，這是愛孩子的做法嗎？

我相信媽媽心裡的苦是巨大的，但如果媽媽能向外求援，不把這種苦轉嫁給孩子，或許孩子就可以在稍微溫暖的懷抱下成長。我知道這不容易，父母從來沒有學習過如何當父母，但如果願意學習，任何時候一定都不嫌晚，從父母開始願意學習的那一刻起，孩子就可以期待能夠擁有真正且正確的愛。

27 別讓家庭重擔壓垮自己

家庭給予的重擔，讓人心裡有太多壞情緒製造出的垃圾，這些垃圾會在我們與別人相處時點點滴滴地露出，因而大大影響了人際關係。

永遠有釐不清的牽扯

五十多歲的章隆已有博士學位，本在教學機構任職，後遭解聘。在被解聘前，他就先對自己的教學工作很有危機感，來跟著我學習寫論文，打算轉進其他學術機構。

章隆的哥哥是植物人已經二十年，父母一直不願把哥哥送到療養院，但年事已高，照顧兒子及謀生都有困難，家裡生活重擔全落在章隆身上。章隆的姊姊自營一家商店，卻用章隆的名字登記成立公司，商店出了問題，顧客提告，章隆要負賠償責任，姊姊可以脫身。章隆之所以容讓姊姊以他之名經營商店，是因為他覺得姊姊照顧植物人的哥哥，也是分擔了他的責任。章隆的家人彼此之間似乎永遠有釐不清的牽扯。

章隆與姊姊的婚姻，都因為把太多時間放在自己的原生家庭，最後走上離婚之途。

只要熄個火

章隆承擔著家庭加諸於他身上的壓力，日積月累下，他心裡已經孳生太多負面情緒，他常誤認別人的好意建議是因為不接受他或是出於惡意，因而扭曲了對方的心意。

有一個下雨天，章隆開車接我回學校，以往，章隆一看到我就會跑過來接過我手上的小行李，但那天下著雨，他的車子停在那兒，卻不見人影。

「奇怪，章隆不是都會過來幫我嗎，尤其今天下雨……」我心裡正納悶：「發生什麼事了嗎？」我一邊狐疑著，一邊走向章隆的車子。打開車門，章隆竟然不在車裡，車子沒熄火，車鑰匙插在鑰匙孔裡……

我沒上車，五分鐘後，章隆跑過來，看到我，馬上幫我把小行李放上車。

「你怎敢車子不熄火，人就離開？」上車坐定後，我問他。

「台北的治安很好。」這是章隆的回答。

「那每天的社會新聞都在報導什麼？」我錯愕地問章隆。

「我剛剛去便利商店買東西，付帳時口袋的錢不夠，我趕快回來拿皮夾再去付款。我擔心店員等，拿了皮夾就衝去商店，沒想到自己車子要熄火的事。」

「你知不知道這樣很危險？」我的「媽媽式關心」不由得又冒出來。

「可是，我就不想讓別人等啊……台灣的治安很好啦……我爸教導我們寧可自己吃虧也不要讓別人受損，讓店員等就很不好意思……」

「你的出發點及你父親的教導，都是對的。在不讓別人受虧損的情況下，你也應該學會如何保護自己，你只要熄個火，不會耗掉多少時間，但卻可以避免許多不可知的麻煩……」

章隆不語。

果不其然，數月後，新聞播報一位先生下車沒有熄火，他的妻子坐在車裡，歹徒突然衝進車裡，開走了車子。

爆發

幾個禮拜後，章隆開車去高鐵站接我，倒車時，不小心輕輕擦到旁邊的車子，章隆下車查看，對方車主告訴他沒有關係，不礙事，但章隆不離開，一直向對方道歉、一直詢問對方車子有沒有關係，弄了好久才回來。

「對方都已經結束了，你為什麼還不肯結束呢？」我實在不懂章隆的心。

「是我撞到別人……如果就這樣離開，我會不好意思……」他與上一次相同模式的心態再次出現。

我們也像上次一樣，沒有交集地談了一會兒後，章隆突然爆發：「老師，你為什麼一直都在糾正我，這就是我，我就是這個樣子……我很在乎別人怎麼看我……我家裡的人從來沒有糾正過我……」

章隆在網路上封鎖了我，已經完成五分之四的論文也不再繼續，他不再理我。

當情緒高過理智

我們在群體中活著，別人對自己的觀感確實會影響我們的人際關係，但章隆在乎別人反應的心態已經過頭了。

我想章隆也忽略了家人沒有對他不合乎常情的行為提出任何異議，是因為全家都靠他活著，他們怕章隆不高興，就凡事都由著他要怎麼做就怎麼做。

或許是家裡沉重的擔子壓得他心裡已充滿負面情緒，讓他的心沒有空間再容納別人的建議，而別人給他的建議，也很容易在他心裡轉成是惡意的攻擊，他認為這是對方不接受他。

當一個人的心與情緒沒有得到平衡時，看事情的角度就會違反正常的認知，章隆以為我給他的建議是在否定他，他說過自己很在乎別人怎麼看他，所以，他丟掉了已經完成五分之四的論文，他幾乎是親手丟棄了自己的前途，他的情緒高過了理智。難道章隆在做這個決定時，沒有為自己分析後果嗎？

章隆在舊機構任職時，有一次老闆通知第二天有重要貴賓到訪，一般人會知道第二天接待貴賓需要穿得正式些，這是生活常識。但他穿著牛仔褲就赴會了。

章隆自己說當時老闆一直盯著他看，我猜想這也是章隆後來很不受老闆青睞的原因之一。

我問他為什麼會這樣穿著，他答：「我試穿了正式的襯衫、西裝褲，但感覺不舒服，所以，我就決定還是穿牛仔褲。」再一次，章隆「只要舒服、不想勉強自己」的情緒勝過他「應該看重這一次會議」的理智！即使是只有一天，他也不願意忍耐，這幾乎是任性了。

往深一層看，章隆的情緒高過理智，是因為他的家庭給他太沉重的重擔，他心裡有太多壞情緒製造出的垃圾，這些垃圾會在他與別人相處時，點點滴滴流露而大大影響他的人際關係。讓人難受的是，章隆最在乎別人怎麼看他，但這些無聲無影的負面情緒，卻把他推向不能理智處理事情的狀態，因而影響了他的人際關係。

每一個人都有自己的人生

我們常在社會新聞中看到父母寵溺某一個孩子，卻要求另一個孩子幾乎是無止境地供給這個不成材的孩子一切所需，尤其是很多父母要求女兒無條件幫助不成材的兒子，借款、賣房……等等，接受支持的孩子要什麼，另一個手足就在父母的情緒勒索中無奈地供應。

父母如果教育得好，孩子不會只顧自己卻棄無能的手足於不顧，因為手足是無法分割的血脈；但如果父母偏袒某一個孩子，「不公平」會在其他孩子心裡發酵，這個埋怨的酵至終會膨脹成無法處理的怨恨！

每一個人都有自己的人生，父母不該把手足的困境強加於某一個孩子身上；如果手足自發地要彼此幫忙度過困境，這值得感謝，但如果是強力要求，或訴諸「罪惡感」讓孩子背負極大的不滿與壓力去做這事，這裡面父母的愛已被抽離，剩下的只有剝奪與不公了。

小記

在功能不健康的家庭裡，只有讓自己先好起來，才能幫助整個家庭有翻轉的機會，但似乎很多傳統家庭都沒有這種觀念，總是全家人彼此拉扯地一起陷入泥淖，彷彿如果有一個人先脫身追求能讓全家人好起來的能力，這個人就是自私、只想讓自己成功，或是其他家人就悲情地述說他們是如何犧牲自己成全這個有成就的家人。而當事人常常不是被這些綑綁住，就是自己也陷入這些自我責難中。

而這些，都是功能不彰的家庭或功能不彰的父母角色，以「愛」作為包裝，遂行自己的自私，最後犧牲了孩子。

後記

趁著還有光陰

陳攸華

這也可以，那也可以……

我讀書的年代，社會教導我們「一分耕耘，一分收獲」——努力，就有期待。現在的社會氛圍卻好像變成抱著中樂透的心情，沒什麼努力目標，或是不知要努力什麼，卻期待有好結果，以至於在很多選擇中，就出現「這也可以，那也可以，沒關係，試試看不行再說……」的心態。

當然，很多事情是要嘗試過後，才能知道自己到底合不合適，可是，這個前提是已經思考、過濾並淘汰自己確定沒興趣或性向不符的領域，而不是漫無目標的這也試、那也試。

在這種散漫的嘗試中，時間就一點一滴地消失了。而且，沒有目標，就不能一心一意；人生中很多事，我們一心一意面對都未必能夠成功，更何況如果我們的生活態度是三心二意！

也有很多年輕人不太思考要為自己的未來預備些什麼，例如我有一個學生英文非常不好但程式很強，我與他閒聊時提醒他應該想想拿到碩士學位後，該如何規畫自己前面的道路。他說他只把握能把握的事。

這話聽起來有幾分道理，但我問他：「如果當初你知道自己會念研究所，一定需要大量使用英文，你大學時期會放棄英文嗎？」

「或許不會。」他說。

我想提醒他，當初只把握自己能把握的事，似乎讓他錯失了「未來」，最起碼讓他的「現在」很辛苦。

別人為什麼肯接受你？

又有一次，我告訴他可以學習學長、學姊提早準備，應徵進入比較有規模的公司；在有制度的公司裡，不論學習或待遇等各方面都比較上軌道，但是我們需要先預備好自己。

「老師，我現在才碩一，我想等到碩二時再想這個問題。」他的「只把握能把握的事」態度重新上演。

「你現在因為英文不好，對於吸收國外新資訊就不積極，因而不努力寫論文，等碩二時，沒有作品發表，什麼準備都沒有，你認為別人為什麼肯接受你？」

「喔，是這樣喔……」這樣的答覆顯示他從未想過這個狀況，即將到來的「未來」被現在的他撇棄了。

如果我們要出門，卻不知自己要去高雄還是去台中，那該如何選擇車班？或許你會說這個比喻太荒謬，但許多人不就是正落入這樣荒謬的狀態中，忽視將來的前途嗎？

現在的年輕人對於「前途」普遍表現出的是比較被動、消極的態度，我也花了很多時間與學生談，希望能幫助他們建立這些認知。

我再為這位英文不好、但程式很強的學生舉一個學長的例子：「……這個學長的態度就很積極……」

「老師，你如果給我這個機會，我也會像他一樣！」他回應得很快，而且理直氣壯。

「你現在連基礎都還沒有建立，我即使給你這個機會，你能接得下來嗎？每一件事一定都是一步一步累積起來的，還走不穩，能夠跑步嗎……」這孩子的第一個認知是「因為老師不給我機會，所以我無法這麼積極，錯誤不在自己」。

如果前面沒有付出努力與辛苦，美好的結果不會自然而然出現。

如果自己沒有得到機會，應該先反省的是自己，而不是別人。

三個建議

現在年輕人的生活環境已與從前大不相同，用從前的期待要求他們「比照辦理」，對他們是不公平的，但是生活的「態度」卻永遠不會改變；態度對了，日子就對了。我以自己的經驗提出一些基本的「生活態度」給年輕人參考，誠摯地希望每一個青春的生命對未來都充滿著明亮的盼望。

第一是選擇朋友。中國人說「近朱者赤，近墨者黑」是有道理的，與好朋友在一起，日久一定受影響，如果自己的心態進取又積極，很快就能與好朋友建立互相幫助的美好互動。

第二是「觀察」。這是一個幫助自己建立看法與想法的很好方法。

- 我羨慕哪一個人？
- 羨慕他什麼？
- 在與我羨慕的特質相關的部分，他都是如何做？如何處理？

● 如果自己遇到這樣的狀態，可以學習也這樣處理嗎？

在觀察的過程中，自己的心態無形會受到影響。我自己不是「開創」的個性，但是一個好的榜樣在我面前時，我會知道自己要向他學什麼。

聖經裡有一個故事非常激勵我，舊約記載一位先知以利亞（厄里亞）帶著一個跟著他學習的以利沙（厄里沙）。老師要離世時，問學生以利沙：「你要我為你做什麼……」以利沙說：「願感動你的靈加倍地感動我。」後來以利沙果然如他所願。

這個記載告訴我，身為一位指導者、長者，我要知道自己有什麼可以給別人；身為一位學習者，我要學習看到指導者、長輩最吸引我的長處是什麼，我要知道自己要向他學習什麼。這不是天生就具備的能力，而是要用心、用心、再用心的學習。

第三是閱讀。現在的年輕人喜歡看漫畫，並不是漫畫不好，而是人的閱讀應該是有進階層次的；漫畫裡都是對話，讀者在閱讀漫畫的當下不需要咀嚼、細細思考，吸收的都是片段表達方式，學習不到完整的邏輯表述，這也是現在許多年輕人覺得寫一篇文章困難重重的原因之一。

我自己一直維持著每天睡前都要念一點專業以外的讀物。有位學生曾經問我：「老師，你很多想法都很特殊，這與你讀很多書有關係嗎？」在閱讀的過程中，我們的心與腦因受到刺激而產生思考。思考的東西會內化形成一個人為人處世的依據，外顯出來的就是他的行為表現。而且，當人的心中有定見時，心裡的判斷能力也跟著提升，不會人云亦云，更不會被表面冠冕堂皇卻沒有實質內涵的糖衣牽著鼻子走。

教學這些年來，我很深體會帶領學生不只是帶領他們的課業，更重要的是幫助他們建立正確的人生價值觀，因為價值觀才是一個人生命方向的重要依據。

珍貴的回饋

在付出的過程中，上帝也給我很大的禮物——教學相長。猶記得我在雪菲爾德大學念博士班時，碩士班老師出了一個作業：用尼爾森的啟發式評量方式（Ten Usability Heuristics/Jakob Nielsen）做系統可用性評估。這位老師是有名的殺手，許多來自台灣的碩士班學生找我幫忙。為了幫助他們，我自己得先瞭解這個評量的內容、方法，才能給碩士班學弟學妹實用的幫助。

在研讀過程中，我扎實學到這門自己以前從未聽聞的學問，以至於我不但能和學弟學妹談，也能幫忙他們修改報告，也因此，我對這門學問越來越清楚而發展出自己的一篇論文。再如回台灣後，一位學生的研究是「同儕互評」，這是我比較陌生的領域，他的指導老師把他「讓渡」給我時，我需要先瞭解「同儕互評」的內容，才能與學生對話。徹底瞭解這個領域的內容後，我據之申請一個科技部的計畫，並且也得到了補助。

在幫助別人的過程中，我一直沒有覺得自己犧牲了時間、精神，我在這些過程中，從無知變成有知，學習了非常非常多。

自己塑造了自己的生活樣貌

前一陣子，有個法學博士賣雞排的新聞，正反意見各有說法。職業沒有高低之分，但是做什麼工作需要接受什麼訓練，這是毋庸置疑的。這位博士生在接受博士教育時，使用了非常多一般人享受不到的法學資源，這些專業知識的資源對他賣雞排來說很可能用處極微，但他佔用另一個對法學專業有興趣的人的資源。如果這位博士生早早就決定要賣雞排，或許他可以早一點把時間、精神用在瞭解雞隻品種、瞭解管理等各項符合自己所需的事務上，自己也不致浪費了許多光陰。

這其實也是一個浪費自己時間、浪費了別人資源的例子。可惜，我們的社會、新聞報導卻把這件事情的主軸導向：「博士生為什麼不能賣雞排，是職業歧視嗎？」這樣的偏斜報導可以創造收視率，卻也造成年輕人的不滿心態，事實上，這件事情的核心意義與「職業歧視」根本是不相關的兩件事。

現在很多年輕人想法太過單純，以為時間到了，資源、本領、美好的結果自然跟著到位，但事實並不如此。勸導年輕人時，常聽到的回應是：「這就是我的個性，這就是我！」這是一個非常好用的擋箭牌，不想認真時，可以用它；不想付出時，也可以用它。有學生告訴我：「老師，不是每一個人都可以像你，知道是對的事就去做。」這樣的人大部分在失敗時，會把責任推到「宿命論」——不是自己不想努力，而是天生個性絆住了他，使得他無法跨出步伐。

但人生的事實是：誰也不能勉強另一個人要過什麼樣的生活，每一個人一定都得為自己的決定、為自己的個性負責。我們決定怎麼生活，生活就會成為那個樣式；不做決定，時光就會把生命帶成一無所是的空白。

趁著還有光陰，我們想想自己想要成為什麼樣的人？在成為那樣的人之前，我們可以為自己做些什麼？

尾聲

生命的故事慢慢讀

李文茹

和攸華一起寫這本書的時間超過兩年。一來，我們要利用週末或假日攸華回台北時，才能相聚並做採訪、記錄的工作；二來，我們為這書也真的費心不少，本來已經寫好數萬字，但一再討論時，發現或許有比原本更好的表達方式，因此，已經完成的數萬字全數作廢，攸華和我另起爐灶。

在重來的過程中，攸華和我非但沒有一絲不耐與急促，反而感謝我倆有了更多的相聚時光。我和攸華是大學學姐、學妹關係，攸華說她進大學第一個認識的人是我，我拉著她進入了校刊社。攸華說她的第一份工讀也是我介紹的，我們一起在學校圖書館打工。現在回想起來，這些時光雖已逝去，但這些回憶已經深烙在我們心裡成為美好。

再聚首，攸華已是「數位學習」領域中，世界級的佼佼者。她找我一起合作這本書時，我還不知她對學生的心腸，及至於一個學生一個學生地談下去後，我愈發發覺攸華真的不是只用專業在教書，她是用她的心與學生相處。她對學生的課業要求絕不馬虎，學生形容她辦公室的門是「地獄之門」，但我絕對相信與攸華一起走完這段學習之路的孩子，他們的心靈一定會彷如重新吸取晨露般，全心準備好等待再一次升起的太陽，重新再有一次次站起來的力量。

攸華的的確確會給人這樣的力量，她對事情不輕言放棄、她不輕易讓「蒙混」過關，但她絕對會在學生軟弱無力時，給予清楚明確的指引與幫助。我猜想，在學生的困境中，她會是一盞燈，只要肯去就光，攸華一定無私地教導。

攸華對我說她是以為母的心腸對待她的學生。這話說來容易，實際去做時，便深深感受這中間會遇到的挫折與困頓，可是從回台灣至今十二年，攸華的這項初衷沒有改變。

在這兩年的密集相處裡，我也看到攸華對學生的柔軟心腸，她關心孩子們的學業、交友、工作、將來人生計畫……我暗自羨慕這些學生能有這樣的老師陪他們走過人生一程。

生命的路程急趕不得，攸華陪過許多心靈受傷的學生跨越生命困境，我們記錄了這些陪伴。在這十二年中，攸華當然也看到年輕人因為大環境的影響而有一些似是而非的想法與觀念，我們在這本書裡也記錄了攸華以自己走過的生命經歷，對年輕人提出的衷心建議。

生命的故事要慢慢讀，您在這本書裡閱讀的每一個故事，都是真實的生命經歷；生活或有困頓，但生命的本質是美好的，我們一起學習用愛看待生命、用愛澆灌生命。

附錄

心愛的公主王子們

——來自學生們的支持與反響

來自在各業界努力中的畢業生們

Sherry老師是個嚴格又溫暖的老師，對學生嚴格的指導中隱藏著滿滿的關心。

——古洋明

有人說老師很嚴厲，我覺得這是她對學生愛的一種體現，愈加疼愛，則愈高期許，畢業多年後仍會感恩銘記於心。

——徐仕勳

人生曾繞了些遠路，直到遇見老師說的那句「人生沒有用不到的經驗」，啟發也肯定了自己，相信這本書也可以。

——徐名賢

Sherry老師是一位非常自律與自我要求的嚴師、益友，在研究工作上認真投入，思緒清晰靈活，在老師的領導與教導下，很多事情都能迅速高品質地完成！

——葉家齊

Sherry 老師是一位非常嚴格的老師，但這個嚴格是因為她真的希望你更好。

——詹筑涵

教授有宏大的教育願景，想培育更多人才，並且運用她精確的專業領域、嚴謹的治學態度，耐心認真帶領學生完成論文，也影響了我的工作態度，使我受用無窮。

——蔡威群

不管是在學術上的探究或是對指導學生的品格教育上，Sherry 教授一直以來都是很嚴格且謹慎的。

——鄭鈞豪

來自進入教育界工作的學生們

陳老師對學術的要求，是成為研究者的門檻。嚴苛的訓練雖然艱辛，但對未來生涯是無窮與富有潛能的基礎。身為學生應將艱辛的苦，化作甘甜。

——劉奕帆

Sherry老師對學術研究的專注熱忱，是我學習的榜樣，對後進的指導提攜，是我學術成長的關鍵因素。

——李良一

充滿熱忱，亦師亦友。老師總能把自身在學習、工作與生活各方面的體悟化成一帖帖妙方，給我中肯的啟示與建議。

——黃本杲

如果用一句話形容，Sherry老師是一位外剛內柔的老師。大家都知道，她在研究和教學上非常嚴謹，所以研究生們在她的研究室大門上，張貼紅色惡魔的紙雕作為裝飾。但是大家可能不知道，Sherry老師在睡前最喜歡閱讀的，卻是勵志感人的小品文章，其實是內心溫柔的「媽媽型」老師，儘管再嚴厲，但都是諄諄教誨，希望孩子一切更平順安好。

——陳志洪

那拉著黑色小行李箱的背影，是對生命的不妥協。那抬頭望向我的眼神，是提醒我要多思考。那低頭跟我說話的聲調，是循循善誘，是啟發，是信任。在我的博士求學生涯，因為有您，我走得更加堅定與實在。

——陶淑媛

老師就如同她「小巨人」的稱號，教給你的東西總是超出你的想像。當你還在思考這一段的邏輯，老師已經安排好下一段的劇情了。如果你也喜歡有條理的論述，找老師討論會滿過癮的。

——楊子奇

起初認識 Sherry 老師，是因為她不吝於把做學問的方法與態度分享給我這個學界新人。後來認識的 Sherry 老師，是一位以身作則、將嚴格的自律視為一種生活習慣的學者。

——鄭朝陽

陳攸華老師是我遇過身材最小的老師，卻是影響我最大的老師，是以身作則的嚴師，也是關心學生的言師。

——賴振民

一位教學認真、治學嚴謹的學者。

——林志鴻

來自仍在就學的學生們

我覺得陳攸華教授是一個勇敢又嚴謹的人，超越疾病的限制，有出眾的學術研究，也很關心學生的生活。

——李子婕

無論是以教育者或長輩的身分跟我互動，對我而言，教授都是很好的榜樣以及生活建議的分享者。

——吳逸萱

我常想起有次晚上上完課，Sherry老師特地撥空與我閒聊逾20分鐘，在知道我奔波於工作、家庭與學業夾縫中後，總是早一步設想周全且無聲默默協助，讓我在課堂中能安心自在，隨時領略老師獨有的細膩溫暖、慈愛與關懷。

——梁丹齡

每次和老師談話就像站在巨人的肩膀上，老師會不吝嗇地分享自身的經歷和智慧，陪著我們思考與成長，以生命影響生命，把我們的視野帶到更遠的地方。

——蕭資峻

在面對許多挫折時，老師教會我放下情緒，因為過程雖然辛苦，但撐過後必定能結出碩果。就如同老師經歷了許多困難成為一個優秀的傑出教授，這是我們都應該學習的。

——林宜臻

嚴格卻不嚴肅是老師的一大特色。除了透過嚴格的原則帶領我們走向成功的道路外，她不嚴肅的風格讓實驗室能夠彼此互助和分享，有「家」的感覺，正所謂嚴師益友。

——陳建宇

老師是生命的勇士，克服重重障礙和歷練是上帝賜給她的裝備。注重品格的教育，是我在老師身上看到的特質。靠著從神而來的智慧與信心，時時仰望神的帶領，建立學術的根基。

——謝以諾

在學習過程中，老師以自身的經驗來幫助我們了解怎麼做能使自己成為更好的人，改變並不簡單，但只要有勇氣並把握機會，人人都可以做到的。

——游佳學

國家圖書館出版品預行編目資料

120公分的愛 / 陳攸華、李文茹合著. -- 初版. -- 臺北市 : 啟示出版 : 英屬蓋曼群島商家庭傳媒股份有限公司城邦分公司發行, 2022.03
面； 公分. -- (智慧書系列 ; 21)

ISBN 978-626-95790-1-3 (平裝)

1. 生活指導 2. 職場成功法

177.2 111001863

啟示出版線上回函卡

智慧書系列021

120公分的愛：從放牛班到博士，全台最「小」教授的翻轉哲學

作　　者／陳攸華、李文茹
企畫選書人／周品淳
總 編 輯／彭之琬
責任編輯／周品淳

版　　權／黃淑敏、江欣瑜
行銷業務／周佑潔、黃崇華、周佳葳、賴正祐
總 經 理／彭之琬
事業群總經理／黃淑貞
發 行 人／何飛鵬
法律顧問／元禾法律事務所 王子文律師
出　　版／啟示出版
臺北市104民生東路二段141號9樓
電話：(02) 25007008 傳真：(02)25007759
E-mail:bwp.service@cite.com.tw
發　　行／英屬蓋曼群島商家庭傳媒股份有限公司城邦分公司
台北市中山區民生東路二段141號2樓
書虫客服服務專線：02-25007718；25007719
服務時間：週一至週五上午09:30-12:00；下午13:30-17:00
24小時傳真專線：02-25001990；25001991
劃撥帳號：19863813；戶名：書虫股份有限公司
讀者服務信箱：service@readingclub.com.tw
城邦讀書花園：www.cite.com.tw
香港發行所／城邦（香港）出版集團
香港灣仔駱克道193號東超商業中心1F E-mail: hkcite@biznetvigator.com
電話：(852) 25086231 傳真：(852) 25789337
馬新發行所／城邦（馬新）出版集團【Cite (M) Sdn Bhd】
41, Jalan Radin Anum, Bandar Baru Sri Petaling, 57000 Kuala Lumpur, Malaysia.
電話：(603) 90578822 傳真：(603) 90576622
Email: cite@cite.com.my

封面設計／徐璽設計工作室
排　　版／邵麗如
印　　刷／韋懋實業有限公司

■ 2022年03月29日初版 Printed in Taiwan

定價330元

城邦讀書花園
www.cite.com.tw

 ISBN 978-626-95790-1-3